स्वमहारत - अपने जीवन का विजेता बनो

UNLOCK YOUR TRUE POWER WITHIN

राऊत लक्ष्मण

यह पुस्तक उन सभी आत्माओं को समर्पित है,

जिन्होंने जीवन की कठिनाइयों में हार नहीं मानी,

जिन्होंने अंधकार में भी रोशनी ढूँढने की हिम्मत की,

और जिन्होंने खुद को भीतर से बदलकर जीवन को नया रूप दिया।

विशेष रूप से मेरी माँ को –जिनका प्रेम,

त्याग और संघर्ष मेरे जीवन की सबसे बड़ी प्रेरणा रहा है।

∽

क्रम-सूची

क्रम-सूची

स्वमहारत

Raut Laxman

स्वमहारत
'अपने जीवन का विजेता बनो'
Unlock Your Inner Power,
Change Your Mindset,
and Transform Your Life

इस पुस्तक को आकार देने की मेरी यात्रा में
जिन-जिन लोगों ने मार्गदर्शन, प्रेरणा और विश्वास दिया,
उन सभी का मैं हृदय से आभारी हूँ।
मेरे सभी पाठकों, साथियों, शिक्षकों और जीवन में मिले अनुभवों
का धन्यवाद –
आप सबने मेरे भीतर के लेखक को जगाया। खास तौर पर उन सभी को
धन्यवाद
जिन्होंने मुझे आलोचना के माध्यम से और भी बेहतर बनाया।

जो स्वयं को भली-भांति पहचान लेता है,
उसके जीवन में फिर कभी कोई अभाव नहीं रहता।
जीवन के प्रति उसकी सभी जिज्ञासाओं और सवालों का अंत हो जाता है।
वह संसार का सबसे संतुष्ट और आनंदित व्यक्ति बन जाता है।
और सबसे विशेष बात यह है कि इसे पाने में न तो अमीरी का भेद है, न गरीबी का।
केवल आध्यात्मिक ज्ञान ही ऐसा है,
जो हमारे दुखों को सदा के लिए समाप्त कर सकता है।
अज्ञान ही मृत्यु है, और ज्ञान ही जीवन।

— स्वामी विवेकानंद

"खुद में महारत" का अर्थ है —
अपने जीवन में महारत प्राप्त करना।
आपको जीवन के हर पथ पर चलना आना चाहिए।

माता-पिता के आशीर्वाद से...
यह किताब उनके चरणों में समर्पित है।
आपका जीवन सफल हो।

'लेखक की कलम से'

जीवन में हमेशा अच्छाई पर ध्यान देना चाहिए, क्योंकि अच्छाई में ही सच्चाई होती है। जो व्यक्ति सच्ची मेहनत करता है, सफलता उसी को मिलती है। यह जीवन बहुत सुंदर है, लेकिन अज्ञानता की वजह से व्यक्ति स्वयं ही इसे दुःख से भर देता है। बिना जीवन की सच्चाई को जाने, लोग जीवन जीते हैं — इसलिए वे इसे सही ढंग से जी नहीं पाते। जीवन बहुत विशाल है; इसे समझने के लिए उसकी वास्तविकता को जानना आवश्यक है। **जीवन** कठिन इसलिए लगता है क्योंकि— लोग जीवन जीने के नियम नहीं जानते, प्रकृति के नियमों से अनजान होते हैं,अपनी शक्तियों को जागृत नहीं करते। इसीलिए मैंने यह किताब लिखी है — ताकि हर व्यक्ति जीवन के प्रत्येक पथ पर चलना सीख सके। जीवन को समझ सके, और यह जान सके कि सुख, शांति, आनंद और सफलता — हर किसी का अधिकार है। यह प्रकृति का नियम है। **लेकिन** जब अपनी शक्तियों का गलत उपयोग होता है, तो जीवन की समृद्धि हाथ से छूट जाती है। यहाँ तो हर व्यक्ति को खुलकर जीना होता है। हर कोई जीवन में जो चाहे वो पा सकता है — बस, सही दिशा में चलना ज़रूरी है। दुर्भाग्य से, ज़्यादातर लोग अपने ही जाल में फंसकर इस सुंदर जीवन को व्यर्थ कर देते हैं। इस पुस्तक का उद्देश्य यही है कि — हर सामान्य व्यक्ति अपने जीवन में असाधारण सफलता, सुख, शांति और वैभव प्राप्त करे। जीवन का आनंद ले, और उसे सही तरीके से जिए। मुझे पूर्ण विश्वास है कि इस पुस्तक को पढ़कर आप अपने जीवन को सफल बनाएंगे। हर संघर्ष सफलता की गारंटी नहीं होता। इस दुनिया में लाखों लोग संघर्ष करते हैं, लेकिन फिर भी मंज़िल उनसे दूर ही रह जाती है। तो सवाल उठता है—क्या हर संघर्ष बेकार होता है? नहीं। ज़रूरत है सही दिशा में संघर्ष करने की।

सही संघर्ष क्या है? सही संघर्ष वही है, जहाँ व्यक्ति: सोच-समझकर कदम उठाता है, सावधानी से निर्णय लेता है, नियमित अभ्यास करता है, और सकारात्मक सोच को अपनाता है। साथ ही, वह— अच्छी संगति

में रहता है, एक समर्थ वातावरण बनाता है, और आत्म-विश्वास से भरपूर होता है। यही रास्ता उसे एक दिन सफलता की ऊँचाइयों तक पहुँचा देता है। एक सच्चाई जिसे भूलना नहीं चाहिए: "आप स्वयं अपने जीवन के हीरो हैं। "बस आपको खुद को पहचानना है,अपनी शक्ति को जानना है, और जीवन की दिशा को समझना है।

इंसान की सोच भी अजीब होती है।

"जीवन में जो जीना सीख गया,
उसे जीवन का असली आनंद आता है।
और जो जीवन को समझ नहीं पाया,
वह सिर्फ़ तकलीफ़ें ही सहता है।
और बिना वजह इस सुंदर जीवन को
कोसता और गलियाँ देता रहता है।"
"जो अपने आत्मा को परमात्मा से जोड़ लेता है,
वह जीवन में सदा आनंदित रहता है।
उसका वातावरण मधुर और शुद्ध होता है।"
"जो जान गया कि मेहनत के बिना कुछ नहीं मिलता —
उसने ठोकरें खाकर चलना सीख लिया।
लेकिन जो संघर्ष से डर गया,
वह जीवन को कभी नहीं समझ पाएगा।"
"वह बस रोता रहता है,
उदासी, निराशा और तकलीफ़ों में जीता है।"
"इंसान बुद्धिमान होकर भी,
स्वयं को नहीं पहचानता।
और इस अज्ञान में
अंधेरे में जीवन जीता रहता है।"
"मुश्किल रास्तों से डरता है,
आसान रास्तों को चुनता है।
पैसे को जल्दी चाहता है,
लेकिन मेहनत करना नहीं जानता।

प्यार करना जानता है,
लेकिन निभाना नहीं जानता।
गालियाँ देना जानता है,
लेकिन सुनना नहीं चाहता।
गुस्सा करना जानता है,
लेकिन सहना नहीं जानता।
खूबसूरत सपने देखता है,
लेकिन उन्हें पूरा करना नहीं जानता।"
किसी चमक-दमक वाली चीज़ के आगे तो नादान बन जाता है,
लेकिन अपने माँ-बाप के आगे नहीं।
इंसान अक्सर गलत सोचता है और फिर गलती करता है।
उसके बाद कहता है कि "किस्मत खराब है।"
खुद से अनजान, वह भोला जीवन को क्या समझेगा?
कमियाँ निकालने में माहिर है,
लेकिन खुद में नहीं। खुद बीमार पड़ता है,
फिर भगवान से दुआ माँगता है।
रब ने सब कुछ दे दिया है,
फिर भी रब से ही माँगता है।
इच्छा खुद करता है,
पूरी न होने पर भगवान, किस्मत या दूसरों को दोषी ठहराता है —
जबकि दोषी वह स्वयं होता है।
गलत रास्ता खुद चुनता है,
फिर सफलता न मिलने पर मैदान छोड़ देता है।
अपने कपड़े पहनाना ठीक करता है,
लेकिन आत्मा को नहीं।
जीवन की जीत-हार तो खिलाड़ी पर निर्भर करती है,
लेकिन मैदान से भागना — ये कहां की समझदारी है?
प्रकृति को खुद खराब करता है,
फिर दोष भी उसी को देता है।

क्या अजीब इंसान है —
जो जीवन का आनंद छोड़कर,
अजीबोगरीब हरकतें करता है।

अब तो पहचानो खुद को...हमारे जीवन को हम खुद ही रंगों में भरते हैं, वो रंग अच्छे भी हो सकते हैं और बुरे भी। हम जिस सोच और भावना से दुनिया को देखते हैं, असल में हम वही होते हैं। अगर हम दुनिया को बुरी नजर से देखते हैं, तो दुनिया बुरी नहीं हम खुद बुरे हो जाते हैं। हम जो सोचते हैं, बोलते हैं, दूसरों के बारे में सोचते हैं, या जो भी कर्म करते हैं वो सब हमारे ही संस्कार और विचार होते हैं। हर कार्य ब्रह्मांड में रिकॉर्ड होता है। हम उसी के अनुसार बनते जाते हैं।अगर हम सकारात्मक दृष्टिकोण से जीवन जीते हैं, तो हम अच्छे हैं। नकारात्मक दृष्टिकोण से जीवन जिएंगे, तो हम बुरे बनते हैं।

अपने विचारों पर ध्यान दो; क्योंकि जीवन का पूरा खेल विचारों का है। अब आपको "अजीब इंसान" नहीं बनना, बल्कि "ग़ज़ब इंसान" बनना है। अपने आप से पूछो—क्या आप अच्छे इंसान बनने के लिए तैयार हैं? क्या आप खुद में महारत पाने के लिए तैयार हैं? ? हाँ...? तो चलिए शुरू करें!

प्रस्तावना

सबसे पहले मैं आपको दिल से धन्यवाद देता हूँ। आपने इस पुस्तक को चुना — यह आपके आत्मविकास की दिशा में एक महत्वपूर्ण कदम है। इस पुस्तक का उद्देश्य सिर्फ इतना नहीं है कि आप स्वयं को जानें, बल्कि यह भी है कि आप स्वमहारत की इस यात्रा से न सिर्फ खुद में मास्टरी हासिल करें, बल्कि दुनिया को भी इसकी रोशनी से परिचित करवाएं। जब मैंने इस पुस्तक को लिखना शुरू किया, तो एक सवाल बार-बार मन में आता था: "इस विशाल दुनिया में, जहाँ 75% से अधिक लोग संघर्ष करते हैं, उनमें से अधिकांश क्यों एक सामान्य जीवन ही जीते हैं? क्यों कुछ ही लोग इस जीवन का असली आनंद, वैभव और सफलता पा पाते हैं, जबकि बाकी लोग परिस्थितियों के अधीन, मजबूरी में जीते हैं? आखिर ऐसा क्या है जो मैं नहीं जानता? जो आप नहीं जानते? इस प्रश्न ने मुझे खोज और अनुसंधान की राह पर चलने को प्रेरित किया। मैंने सैकड़ों सफल लोगों की कहानियाँ पढ़ीं, उनके इंटरव्यू देखे और फिर एक महत्वपूर्ण सच सामने आया:

"अधिकतर लोग इसलिए असफल रहते हैं क्योंकि वे स्वयं को नहीं पहचानते।" वे दुनिया के पीछे भागते हैं, लेकिन खुद के अंदर झांकने की कोशिश नहीं करते। फिर सोचते हैं कि मैं सफल क्यों नहीं हो पाया? मेरी आर्थिक, मानसिक और आत्मिक स्थिति बेहतर क्यों नहीं है? जब मैंने खुद से ये सवाल किया, तो जवाब मिला — "कमी मेरे अंदर ही थी।" फिर मैंने गहराई से शोध किया और जाना कि सिर्फ मैं नहीं, बल्कि इस धरती के 75% से अधिक लोग खुद के बारे में नहीं जानते। उन्हें यह पता ही नहीं कि वे अपना भाग्य खुद लिख सकते हैं। मैं नहीं जानता कि आप अभी स्वयं को कितनी गहराई से जानते हैं... लेकिन मैं वादा करता हूँ कि इस पुस्तक को यदि आप पूरी श्रद्धा और मन से पढ़ेंगे, तो आप स्वयं से भली-भांति परिचित हो जाएंगे — और अपने जीवन के राजा बनेंगे। यह पुस्तक आपके भीतर छिपी शक्ति, संभावना और सच्चाई को उजागर करेगी। यह बताएगी कि आप वास्तव में कौन हैं। आपके

जीवन का रहस्य और उद्देश्य इस यात्रा में स्पष्ट होता चला जाएगा। तो चलिए...यह सफर शुरू करते हैं —मजेदार, गहराई से भरा और अंततः मुक्तिदायक!

1

किसी भी क्षेत्र में 'मास्टरी' हासिल करने के मन्त्र

एक बात सदैव याद रखें — यदि आपको जीवन में कुछ श्रेष्ठ प्राप्त करना है, तो उसमें समय और समर्पण दोनों लगते हैं। किसी भी कार्य में "मास्टरी" प्राप्त करने के लिए कठिन परिश्रम, निरंतर अभ्यास और स्पष्ट उद्देश्य का होना अनिवार्य है। अपने आप से यह प्रश्न ज़रूर पूछिए: "जब मैंने इस कार्य को शुरू किया था, तब मेरा उद्देश्य क्या था? मेरा *मोटिवेशन* क्या था?" बिना समय और अभ्यास के, आप किसी भी कार्य में निपुण नहीं बन सकते। यदि सच में आप किसी क्षेत्र में महारथ प्राप्त करना चाहते हैं, तो स्वयं से सीखने की आदत विकसित करनी होगी।

श्रेष्ठ चीज़ें कभी आसानी से नहीं मिलतीं। उनमें समय भी लगता है और प्रयास भी। अपने भीतर *सीखने का नज़रिया* पैदा कीजिए। यदि आपने सफर ही बंद कर दिया, तो मंज़िल तक कैसे पहुँचेंगे? अपने भीतर *मास्टरी माइंडसेट* को जन्म दीजिए। याद रखिए, किसी भी विषय में पारंगत होने के लिए लगातार प्रयास और विशेषज्ञों के मार्गदर्शन की

आवश्यकता होती है। मास्टरी क्या है? यह समझना आवश्यक है। इसके महत्व को जितनी जल्दी समझेंगे, उतनी जल्दी आप अपने क्षेत्र में ऊँचाइयाँ छू पाएँगे। और इसके लिए अनुशासन अत्यंत ज़रूरी है। अपने आसपास गुणवान लोगों का साथ रखें। अपने लक्ष्यों के प्रति सच्चे और वफादार बनें। यदि आपको पर्वत की चोटी पर पहुँचना है, तो कृपया चढ़ाई की शुरुआत कर दीजिए। याद रखिए — *ख़ुशी तक पहुँचने का रास्ता, "मास्टरी" से होकर ही गुजरता है।*

क्यों ज़रूरी है ख़ुद में मास्टरी करना?; ज़िंदगी की परिभाषा हर इंसान को नहीं समझ आती। अगर आप वास्तव में जीवन को गहराई से समझना चाहते हैं, तो अपने भीतर झाँक कर देखना ज़रूरी है। हमें वही करना चाहिए जो हमारे जीवन के उद्देश्य के अनुरूप हो। इस दुनिया में अधिकतर लोग बहुत कुछ देखते हैं, लेकिन उस देखने के पीछे का अर्थ नहीं समझ पाते। "मैं भी कभी सोचता था, ये ज़िंदगी कैसी है? इसे सही ढंग से कैसे समझा जाए? स्वयं को कैसे जाना जाए? और इस दुनिया में एक अच्छा इंसान कैसे बना जाए?" यदि आपके मन में भी कभी ऐसे सवाल उठते हैं, तो बहुत अच्छा संकेत है। " ख़ुद से सवाल पूछते हुए आगे बढ़ना यही समझदारी है।" इससे जीवन सरल होता जाता है और आप सही दिशा में चलते हुए स्वयं को भी बेहतर समझते हैं।

आज के युवा वर्ग की सबसे बड़ी चुनौती है, *गलत विश्वास गलत संगति।* वे जो देख रहे हैं, उसी पर विश्वास कर लेते हैं, जबकि वास्तविकता कुछ और होती है। गलत आदतों और कम उम्र में लिए गए फैसलों की वजह से वे अपनी क्षमताओं को न पहचान पाने की भूल कर बैठते हैं। फिर धीरे-धीरे वही ग़लत विश्वास उन्हें पूरी ज़िंदगी का सच लगने लगता है, और परिणामस्वरूप वे सफलता से चूक जाते हैं। किसी की प्रेरणा बनने की बजाय, वे ख़ुद को आम और संघर्षशील मान बैठते हैं। यही गलती अधिकांश लोग करते हैं। इसीलिए यह ज़रूरी है कि आप अपने आप को बेहतर तरीक़े से समझें। खुद में मास्टरी करना शुरू करें। हर पल सावधानी से चलें। संगति, माहौल, आदतें — ये सब मायने रखते हैं। स्वयं से ईमानदार बनें। आज तक आपने जो भी किया, जो भी पाया — उसे आपसे बेहतर कोई नहीं जानता। और यदि अब आप निर्णय लें

कि आपको ख़ुद को बेहतर बनाना है — तो यक़ीन मानिए, कोई भी चीज़ असंभव नहीं रहेगी। आज से अपने आपसे ये सवाल ईमानदारी से पूछें —हर दिन, हर क्षण ख़ुद को पहचानने के लिए।

स्व-चिंतन के प्रश्न;

- क्या मेरा मन किसी एक कला में रम जाता है?
- क्या जो मैं कर रहा हूँ, वह मेरे लिए और दुनिया के लिए सही है?
- क्या मेरा कार्य मेरी योग्यता के अनुसार है?
- मेरे विचार करने की क्षमता कैसी है?
- मेरी सोच में कितनी शक्ति है?
- मेरा नज़रिया सकारात्मक है, या नकारात्मक?
- मैं ख़ुद को किस रूप में देखता हूँ?
- क्या मेरे पास कार्य करने की शक्ति है?
- क्या मैं अधिक नकारात्मक सोचता हूँ?
- क्या मैं सोचने में सही मार्ग पर हूँ?

निर्णय और जीवन दृष्टिकोण

- क्या मेरे पास निर्णय लेने की क्षमता है?
- क्या मैं सही ज्ञान अर्जित कर रहा हूँ?
- क्या मेरी संगति मेरे सपनों के अनुकूल है?
- मेरा वातावरण मुझे ऊँचाइयों तक ले जा रहा है या नहीं?
- मेरी आर्थिक स्थिति कैसी है?
- मैं कितनी बड़ी सोच रखता हूँ?
- मैं कितना योग्य हूँ?
- मैं समाज और दुनिया के लिए क्या कर सकता हूँ?

आत्म-संशोधन और प्रयास

- क्या मैं एकाग्रता से मेहनत करता हूँ?
- क्या मैं अपनी सेहत का ध्यान रखता हूँ?
- क्या मैं अपने मस्तिष्क को जानता हूँ?
- क्या मैं अपनी शक्तियों का सही उपयोग कर रहा हूँ?
- क्या मैं स्वयं को समझ पा रहा हूँ?
- मेरा स्वभाव और आत्म-व्यवहार कैसा है?

आत्मविकास और मूल्यमापन

- क्या मैं कुदरत के नियमों को समझता हूँ?
- क्या मैं सफल लोगों का अध्ययन करता हूँ?
- क्या मेरे पास अच्छे गुण हैं?
- क्या मैं अपने समय का सदुपयोग कर रहा हूँ?
- क्या मैं सोशल मीडिया का अति प्रयोग कर रहा हूँ?
- क्या मैं किसी कार्य को अनुसंधान से करता हूँ या केवल देखकर?

ज्ञान और अनुशासन

- क्या मैं पुस्तकें पढ़ता हूँ?
- क्या मैंने लक्ष्य निर्धारित किया है?
- क्या मैं सोच-समझकर निर्णय लेता हूँ?
- क्या मैं जीवन जीना सीख पाया हूँ?
- क्या मेरी सोच ब्रह्मांड और सपनों के अनुरूप है?

* क्या मैं अपनी बुद्धि का सही उपयोग कर रहा हूँ?

आत्मिक जागरूकता

* क्या मैं खुद से संवाद करता हूँ?
* क्या मैं प्रकृति से जुड़ा हूँ?
* क्या मैं विश्वास के साथ कर्म कर रहा हूँ?
* क्या मैंने अपनी जिम्मेदारी स्वीकार की है?
* क्या मैं आत्मनिर्भर निर्णय लेता हूँ?
* क्या मैं खुश हूँ?
* क्या मैं अपनी सोच से खुद को कमजोर बना रहा हूँ?
* क्या मैं वास्तव में एक इंसान की तरह जीवन जी रहा हूँ?
* क्या मैं स्वयं को रोज़ बेहतर बना रहा हूँ?
* क्या मेरी व्यक्तित्व सही दिशा में बढ़ रहा है?
* क्या मैं अपने सपनों के अनुसार ज्ञान अर्जित कर रहा हूँ?
* क्या मैं अपनी किस्मत खुद लिख रहा हूँ?

तीन चेहरे की समझ

* जो चेहरा मैं दुनिया को दिखाता हूँ।
* जो चेहरा मैं अपने रिश्तेदारों को दिखाता हूँ।
* और तीसरा — जो मैं स्वयं जानता हूँ।

(वास्तव में, हमारे तीन चेहरे होते हैं। इन्हें गहराई से समझिए।)

स्व-चिंतन के प्रश्न

- क्या मैं किसी भी काम को समर्पण और सिद्धत से कर रहा हूँ?
- क्या मैंअपने जीवन की जिम्मेदारी ले रहा हूँ?
- क्या मैं अपनी ही नजरों में सही हूँ?
- क्या मैं अपनी सच्ची इच्छाओं के अनुसार जीवन जी रहा हूँ?
- क्या मेरे भीतर देने और सेवा करने की भावना है?
- क्या मैं सफलता के नियमों का पालन कर रहा हूँ?
- क्या मैं अपनी हारों से सीखता हूँ?
- क्या मैं ईमानदार हूँ?
- क्या मेरी सोच मेरे सपनों के अनुसार है?
- क्या मैं निडर हूँ?
- क्या मुझमें नेतृत्व के गुण हैं?
- क्या मेरे भीतर आत्मविश्वास है?
- क्या मैं रचनात्मक हूँ?
- क्या मैं अपनी क्रिएटिविटी के अनुरूप आगे बढ़ रहा हूँ?
- क्या मैं सही माइंडसेट के साथ प्रगति कर रहा हूँ?
- क्या मैं अपने कार्य को लेकर उत्साहित हूँ?
- क्या मैं प्रत्येक कार्य को सही ढंग से करता हूँ?
- क्या मैं हर पल जीवन का आनंद ले रहा हूँ?
- क्या मैं अपनी परिस्थितियों को बेहतर बना रहा हूँ?
- क्या मैं कठिन परिस्थितियों को सँभालना जानता हूँ?
- क्या मैं चुनौतियों से डरकर टूट जाता हूँ?
- क्या मैं जानता हूँ कि मैं कौन हूँ?
- क्या मैं अपनी आत्मा के बारे में जानता हूँ?

इन सवालों को रोज़ाना पढ़िए, सोचिए और आत्ममंथन कीजिए। जिन प्रश्नों का उत्तर स्पष्ट न मिले, वहाँ अपने अंदर की कमियों को पहचानिए और उन्हें विकसित कीजिए। सीखना कभी बंद मत कीजिए — आपका जीवन सिर्फ आप ही बदल सकते हैं। खुद की काबिलियत पर भरोसा रखिए, मस्त ज़िंदगी जीना सीखिए और हर दिन खुद को निखारते रहिए। "मुसीबतें आना जीवन का हिस्सा है, लेकिन उन्हें सही

ढंग से संभालना — यही असली जीवन कला है।" नहीं पढ़ोगे खुद को तो, ज़िन्दगी जीना बेकार है। पूछोगे सवाल खुद से तो, ज़िन्दगी समझना आसान है।"

खुद में महारत क्यों ज़रूरी है? इस प्रश्न को गहराई और ध्यान से समझना बेहद आवश्यक है। आज की दुनिया में कई महान हस्तियाँ जन्म ले चुकी हैं — संत, राजा, देशभक्त, वैज्ञानिक, खिलाड़ी, गणितज्ञ, इंजीनियर, डॉक्टर, शिक्षक और अन्य कई प्रतिभाशाली लोग। हम भी उन्हीं की तरह इसी धरती पर जन्म लेते हैं, पर वे लोग अपने जीवन को ऊँचाई तक कैसे पहुँचा पाए? उनका सफलता का रहस्य क्या था? असल में, आज बहुत से लोग भ्रम और गलत विश्वासों के साथ जीवन जीते हैं। उन्हें यह भी पता नहीं चलता कि कब जीवन उनके हाथों से फिसल गया। ऐसे लोग इस धरती पर केवल बोझ बन जाते हैं। तो सवाल यह है—अधिकतर लोग बुरे कर्म क्यों करते हैं?क्यों खुद ही अपने जीवन को बर्बादी की ओर ले जाते हैं? क्या हम यह भूल चुके हैं कि इस ब्रह्मांड में हमारे जीवन के मालिक हम स्वयं हैं? आज की परिस्थिति में अधिकांश लोग यही सोचते हैं "मेरा खुद का घर हो, मैं आर्थिक रूप से सुरक्षित रहूँ, मेरे पास ढेर सारा पैसा हो, एक सुखी परिवार हो।

"इस दुनिया में ९९% लोग यही चाहते हैं, लेकिन जैसे-जैसे उम्र बढ़ती है, वे अपने सपनों को भूल जाते हैं। सिर्फ़ १-२% लोग ही अपने सपनों को साकार कर पाते हैं। क्यों? क्या इस ब्रह्मांड में कोई कमी है? या फिर हम खुद में ही कमी रखते हैं? विचार का दृष्टिकोण बदलो; किसी ने सही कहा है "एक दिन एक चिड़िया अपने बच्चे से कहती है—बेटा, अगर तुम हर परिस्थिति में, हर मुश्किल में, हर क्षण खुद को जिस नज़रिए से देखोगे, जीवन भी वैसा ही दिखेगा। इसलिए नज़रिया बदलो, वरना भीड़ में खो जाओगे।"वास्तव में, जो इंसान अपने जीवन को जिस दृष्टिकोण से देखता है, उसका जीवन वैसा ही बनता है। जो व्यक्ति यूनिवर्स के नियमों के अनुसार चलता है, वह जीवन में निश्चित ही सफल होता है।

सोच बदलो, जीवन बदल जाएगा: एक दिन मैं मोबाइल पर कुछ पढ़ रहा था, तभी एक चित्र सामने आया। उसमें लिखा था: बेटा "मम्मी! कचरा वाला आया है!"मम्मी बोली "बेटा, कचरा वाले तो हम हैं। ये तो

साफ़ करने वाला है।"यदि हम सिर्फ़ अपने विचार बदल लें, तो सच में हमारा पूरा जीवन बदल सकता है। विचार ही सब कुछ है, जैसे सोचते हो, वैसे ही बनते हो। खुद को जानना ही सफलता की कुंजी है, इस दुनिया में जो व्यक्ति खुद को समझ गया है, वही अपने जीवन का राजा बनता है। और आने वाले समय में भी, जो स्वयं को बेहतर ढंग से जानेगा — वह अपने जीवन का शासक होगा। जहाँ कहीं भी देखो, जो भी सफल व्यक्ति तुम्हें दिखाई देगा, वह व्यक्ति खुद को अच्छे से जानता है, इसीलिए सफल है। पैसे से बातचीत — एक सच्चा अनुभव: एक दिन की बात है। उस दिन मेरे पास पैसे नहीं थे। मुझे पैसों की सख्त ज़रूरत थी। तब मैंने मन में सोचा—"पैसे! क्या तुम मेरे पास आ सकते हो? और मेरे साथ हमेशा रह सकते हो? मेरा जीवन तुम्हारी वजह से मुश्किलों में घिर गया है। आखिर तुम मुझसे दूर क्यों हो?" एक दिन पैसे ने मुझसे कहा:"देखो बेटा, मुझे हर इंसान के जीवन में रहना होता है... लेकिन मैं उन्हीं के साथ टिकता हूँ, जो मेरी ज़िम्मेदारी को समझते हैं।"मैंने हैरानी से पूछा, "मतलब क्या? " पैसे ने कहा, "अगर तू खुद अपने जीवन की ज़िम्मेदारी नहीं ले सकता, तो मेरी ज़िम्मेदारी कैसे लेगा?" मैंने पूछा, "तो फिर क्या करना होगा ताकि तू हमेशा मेरे साथ रहे? " पैसे ने मुस्कुराकर जवाब दिया: "हर इंसान मुझे पाने के लिए संघर्ष करता है, लेकिन मुझे पाने से ज़्यादा ज़रूरी है मुझे संभालना। जो व्यक्ति सेवा करता है, दूसरों के जीवन में मूल्य जोड़ता है, उनकी मदद करता है, उन्हें कुछ सिखाता है — मैं हमेशा उसके साथ रहता हूँ।"फिर उसने मुझे कहा, "तेरे पास क्या ऐसा है... जिसके कारण मैं तेरे साथ रहूं? क्या तेरे पास बोलने की कला है? क्या तू गा सकता है, नाच सकता है? क्या तू कुछ सिखा सकता है? क्या तुझमें कोई हुनर है जिससे दुनिया का भला हो? अगर नहीं, तो खुद से पूछ — तू कौन है? क्यों है? जीवन का उद्देश्य क्या है।

"एक गांव में एक किसान था, जो चाहता था कि उसकी पत्नी उसे प्यार करे, उसका ध्यान रखे। लेकिन वह खुद ही उसे महत्व नहीं देता था, न समझता था, न सम्मान करता था। तो भला उसकी पत्नी कैसे उस पर प्रेम लुटा सकती थी? पैसे ने कहा: "ठीक वैसे ही बेटा, अगर तू खुद में कोई खूबी नहीं विकसित करेगा, तो मैं तेरे पास क्यों रहूं?" "अगर

तू चाहता है कि मैं तेरे जीवन में स्थायी रूप से रहूं, तो इस संसार को कुछ देना शुरू कर दे। दूसरों के जीवन में मूल्य जोड़ना शुरू कर। कोई हुनर सीख, जो आज की और आने वाली दुनिया के लिए जरूरी हो। और सबसे पहले — खुद को जान। "पैसे ने अंत में एक अमूल्य बात कही: "दुनिया के बारे में अनजान रह जाना कोई बड़ी बात नहीं... लेकिन खुद से अनजान मत रहना।" मैं स्तब्ध था... लेकिन उसी क्षण मैंने खुद से वादा किया — "मैं खुद में महारथ हासिल करूंगा।"मेरे दोस्त, तुम्हें भी खुद से यही वादा करना होगा। "तुम्हारा भविष्य तुम्हारे ही हाथ में है। जो भी तुम पाना चाहते हो, वो सब कुछ पा सकते हो।"आज की दुनिया में ज्यादातर लोग खुद से अनजान होते हैं, लेकिन दुनिया को समझने निकल पड़ते हैं। नतीजा? वे भ्रम में जीते हैं, गलत विश्वासों से घिरे रहते हैं। इसलिए सबसे पहले — खुद को जानो, समझो, तराशो। और फिर देखो... जीवन खुद ब खुद तुम्हारे लिए अवसर बन जाएगा।

2

मैं कौन हूँ?

हमारी पारिभाषा; हम उस ऊर्जा का हिस्सा हैं जिसने इस सम्पूर्ण *यूनिवर्स* की रचना की है। उसी शक्ति ने इंसान, पेड़-पौधे, जानवर, पहाड़, नदियाँ, आकाश—सब कुछ बनाया है। उसी ने जीवन रचा, और जीवन को बनाए रखने के लिए सामाजिक व्यवस्थाएँ भी बनाई हैं। हमें कभी नहीं भूलना चाहिए कि हम उसी **सुप्रीम एनर्जी** के अंश हैं। लेकिन इस कॉन्सेप्ट को समझना इतना आसान नहीं है। शायद यही वजह है कि आज भी बहुत से लोग इसे महत्व नहीं देते। पर जिन्होंने इसे समझ लिया है, उनकी ज़िंदगी में एक अलग ही सुकून होता है। उन्हें यह पूरी दुनिया अपना घर लगती है। उसका कारण यही है कि उन्होंने स्वयं को उस सुप्रीम ऊर्जा के समर्पित कर दिया होता है। उनके भीतर से **मोह** और **भय** समाप्त हो जाते हैं। अब हमें भी इस सत्य को समझने की शुरुआत करनी चाहिए।

जब तुम ऐसा करोगे, तब तुम वास्तव में *"मैं कौन हूँ?"* का उत्तर पा लोगे। और तब शायद तुम्हें खुद को देखने के लिए शीशे की ज़रूरत भी नहीं पड़ेगी। साल बदलते हैं, ज़माने बदलते हैं, लेकिन आज भी यदि किसी से पूछा जाए — "भगवान क्या है?", तो अधिकतर लोग सोचते हैं कि वह कोई शक्ति है जो आकाश में कहीं रहती है। वे मानते हैं कि वह सभी समस्याओं का समाधान वहीं से कर रहा है। लेकिन अलग-अलग लोगों के अपने-अपने भगवान होते हैं। यदि तुम सच में यह जानना चाहो

कि "भगवान क्या है?", तो शायद तुम भटक सकते हो।

भारतीय दर्शन और वेदांत के अनुसार — हर जीव में ईश्वर का वास है। हर जगह वही ऊर्जा है। वेदों और उपनिषदों में भी यही उपदेश दिए गए हैं, जिसमें कथा-कविताओं के माध्यम से ईश्वर के स्वरूप को दर्शाया गया है। हिंदू माइथोलॉजी के अनुसार भी हर जीव-जंतु में ईश्वर बसता है, और हर व्यक्ति को उसके कर्मों के अनुसार ही फल प्राप्त होता है। वेदांत कहता है कि आत्मा में ईश्वर को खोजना होता है। जब तुम स्वयं को ईश्वर को समर्पित करते हो, तब तुम्हें यह जीवन सही मायनों में समझ में आने लगता है। तुम्हारी हर साँस उस ईश्वर की दी हुई होती है। जैसे-जैसे तुम आत्मा की ओर बढ़ते हो, तुम भीतर से मज़बूत और आज़ाद महसूस करने लगते हो। यही वेदांत की शक्ति है — यह तुम्हें स्वतंत्र बनाता है।

अगर तुम्हें अपने जीवन का सही लक्ष्य पाना है, तो एक बार खुद को उस सुप्रीम एनर्जी के सामने समर्पित कर दो। वही शक्ति तुम्हें तुम्हारी राह दिखाएगी। जब तुम स्वयं और इस दुनिया को एक मानने लगते हो, तब तुम्हें सब कुछ प्रिय लगने लगता है। तब तुम्हारे भीतर केवल प्रेम होता है। तुम किसी से घृणा नहीं कर पाते। जब तुम इस प्रकार का जीवन जीते हो, तो तुम्हारे अंदर से सच्ची खुशी फूटती है। इसलिए, ज़रूरी है कि तुम पहले स्वयं को समझो।

इंसान को सबसे पहले अपने भीतर के ईगो को समाप्त करने की कोशिश करनी चाहिए। यही ईगो हमारी आत्म-विकास की राह में सबसे बड़ी बाधा बनती है। हमें यह याद रखना चाहिए कि हम इस यूनिवर्स की ऊर्जा का हिस्सा हैं — और हम सभी एक-दूसरे से जुड़े हुए हैं। यदि तुम सच में खुश रहना चाहते हो, तो जीवन की हर बात को इतना गंभीरता से लेना बंद कर दो। ज़िंदगी को मस्ती में जीना सीखो! मस्ती में रहोगे, तो खुश रहोगे।

एक दिन की बात है... मैंने मम्मी से मज़ाक में कह दिया, "मम्मी, मैं भी स्टेज पर किसी भी कार्यक्रम में बोल सकता हूँ।" उस समय नवरात्रि चल रही थी, और हमारे गाँव में नवरात्रि के दौरान धार्मिक कार्यक्रमों का आयोजन होता था। मम्मी ने मेरी यह बात अपने एक साथी से कह दी,

"मेरा बेटा भी कार्यक्रम में स्टेज पर बोलने वाला है।" यह बात सुनकर मुझे पहले-पहले अच्छा नहीं लगा, क्योंकि मुझमें बहुत डर था। मैं खुद को एक प्रतिशत भी नहीं जानता था। दो दिन बाद हमारे पड़ोसी के घर में एक धार्मिक कार्यक्रम था। मुझे लगा कि मैंने बड़ी बात कह दी है और अब मम्मी की कही बात को मैं टाल नहीं सकता था। उस दिन मुझे एक एहसास हुआ "मैं पढ़ाई कर रहा हूँ, लेकिन मुझे खुद के बारे में कुछ भी नहीं पता।" मैंने खुद से पूछा "ऐसा कैसे हो सकता है?" फिर मैंने खुद से सवाल किया "मैं कौन हूँ?" मैं इतने छोटे से काम से डर रहा हूँ? कहीं आपकी स्थिति भी मेरी जैसी तो नहीं? जरा सोचिए, क्या आपको भी छोटे-छोटे काम करने से डर लगता है? मैं खुद से सवाल करने लगा—"मैं स्टेज पर बोल नहीं सकता? ऐसा कैसे हो सकता है?" आखिर यह डर आया कहाँ से? बहुत सारे लोग तो बिंदास, बिना डरे बोल लेते हैं, तो फिर उनमें और मुझमें ऐसा क्या फर्क है जो मुझे नहीं पता?

उस दिन मेरे मन में बहुत सारे सवाल उठे। लेकिन मैंने खुद को संभाला और ठान लिया—"मैं मम्मी को किसी भी हाल में निराश नहीं करूंगा।" मैं जानता था कि अगर किसी काम को करने में डर लगता है, तो तुरंत एक अच्छा निर्णय लेकर पूरे विश्वास के साथ काम में लग जाना चाहिए। उस वक्त मैं भगवद्गीता पढ़ा करता था। इसलिए थोड़ा-बहुत जानता था कि धार्मिक कार्यक्रमों में बातें कैसे करनी चाहिए। मैंने यूट्यूब पर वीडियो देखे, थोड़ी बहुत तैयारी की और निकल पड़ा कार्यक्रम के लिए। वैसे धार्मिक कार्यक्रमों में अनुभवी लोग बड़ी संख्या में होते हैं। कार्यक्रम के सूत्रधार ने मेरा नाम पुकारा, क्योंकि उसे पहले से ही मेरी मम्मी ने बता दिया था, और वह खुद हमारा ही पड़ोसी था। मैं खड़ा हुआ... मेरे दिल की धड़कन तेज़ हो गई, मेरे पैर कांपने लगे। लेकिन मैंने खुद को संभाला। एक गहरी साँस ली और मन ही मन कहा—"मैं कर सकता हूँ।" और मैं बोलने लगा। लेकिन मैं इतनी तेज़ी से बोल रहा था जैसे मेरी गाड़ी छूटने वाली हो। जितनी तेजी से शुरू किया, उतनी ही तेजी से खत्म किया, और उतनी ही तेजी से नीचे बैठ गया। लेकिन मेरी धड़कनें अब भी तेज़ थीं... और इन्हीं धड़कनों ने मेरी ज़िंदगी में एक नया मोड़ ला दिया। इस घटना के बाद मैंने अपने आप से सवाल किए: "मैं

भी एक इंसान हूँ, तो फिर मेरे पैर क्यों कांप रहे थे?" "मेरी धड़कन इतनी तेज़ क्यों थी?" बहुत विचार किया और मैंने अपने ऊपर काम करना शुरू किया। मैंने ध्यान करना शुरू किया, और खुद को समझने लगा। धीरे-धीरे मुझमें बदलाव आने लगा। मैं हर चीज़ को ध्यानपूर्वक देखने और निरीक्षण करने लगा।

मैंने सोचना शुरू किया:

- आखिर ये सभी जीव-जंतु कैसे काम करते हैं?
- उन्हें कौन चला रहा है?
- ये प्रकृति कैसे अपने आप इतनी सुंदर तरह से काम कर रही है?
- इस पृथ्वी पर हर इंसान बुद्धिमान है, लेकिन सबकी सोच अलग क्यों है?

फिर मेरे भीतर ये सवाल उठने लगे:

- कोई कमजोर है तो कोई ताकतवर क्यों?
- किसी के पास ज्ञान है तो किसी के पास नहीं क्यों?
- कोई अच्छी ज़िंदगी जी रहा है, तो कोई तकलीफ क्यों झेल रहा है?
- कोई अच्छी बातें कर रहा है, तो कोई बुरी क्यों?
- कोई दूसरों को सिखा रहा है, तो कोई पढ़ रहा है?
- कोई रो रहा है, तो कोई हँस रहा है?
- कोई नशा कर रहा है, तो कोई नशा छोड़ रहा है?
- कोई धर्म परिवर्तन कर रहा है, तो कोई धर्म के विरोध में है?
- कोई ज़िंदगी बना रहा है, तो कोई ज़िंदगी बर्बाद कर रहा है?
- कोई बुराई कर रहा है, तो कोई अच्छाई?
- कोई अच्छाई में बुराई ढूँढ रहा है, तो कोई बुराई में अच्छाई?
- कोई समझदार है, तो कोई नासमझ क्यों?
- कोई जानबूझकर गलती कर रहा है, तो कोई गलती से सीख रहा है?
- कोई गुलाम है, तो कोई आज़ाद क्यों?

- कोई अपनी इच्छा अनुसार ज़िंदगी जी रहा है, तो कोई क्यों नहीं जी पा रहा?
- कोई संतुष्ट है, तो कोई असंतुष्ट क्यों?
- कोई ज्ञान के पीछे भाग रहा है, तो कोई ज्ञान से दूर क्यों?
- कोई एकाग्रता से काम कर रहा है, तो कोई विचलित होकर क्यों?
- कोई डर रहा है, तो कोई डर को ही भगा रहा है?
- कोई काम, क्रोध, लोभ, अहंकार, ईर्ष्या, मोह में डूबा है — तो कोई इनसे मुक्त क्यों?

जीवन के दो पहलू और विचारों की शक्ति;

- कोई ज़िन्दगी को आसान कह रहा है, तो कोई ज़िन्दगी को मुश्किल?
- कोई रिश्ते को सुधार रहा है, तो कोई बेकार बना रहा है?
- कोई सिद्दत से मेहनत कर रहा है, तो कोई मेहनत ही नहीं करना चाहता?
- कोई गुस्सा कर रहा है, तो कोई प्यार कर रहा है?
- कोई तत्व को समझ रहा है, तो कोई नहीं समझ रहा है?
- कोई जीत रहा है, तो कोई हार रहा है?
- कोई खुश है, तो कोई नाखुश है?
- कोई सफल हो रहा है, तो कोई असफल हो रहा है?
- कोई छोटी-छोटी बातों पर झगड़ रहा है, तो कोई समझदारी से सहन कर रहा है?
- कोई ज़िंदा होकर भी लाश बना हुआ है, तो कोई ज़िंदादिली से लोगों के दिलों में बस रहा है?
- कोई ज़िन्दगी को समझ रहा है, तो कोई ज़िन्दगी को समझना ही नहीं चाहता?

ऐसे और भी बहुत सारे सवाल मेरे मन में उठते थे। तो मैंने सोचा यह मामला है क्या? जो दो पहलुओं में बंटा हुआ है। जैसे एक नाड़े के दो बाजुएँ होती हैं, वैसे ही ज़िन्दगी भी जीत और हार के बीच चलती है,

आखिर ऐसा क्या है इस ब्रह्मांड में जो दुनिया को नहीं पता? मैंने रिसर्च करना शुरू किया। मैं ढूंढता रहा किस वजह से लोग बुराई का रास्ता चुन लेते हैं? करीब डेढ़ साल की तपस्या के बाद मैंने जो खोज निकाला, वह यह था कि वैसे तो हर इंसान एक ही ऊर्जा से काम कर रहा है और हर इंसान भीतर से बहुत अच्छा होता है, लेकिन उनके *संस्कार और विचार* ही इंसान को बुरा बना देते हैं, इस रिसर्च ने मुझे आश्चर्यचकित कर दिया कि—"लोग आखिर खुद से अनजान हैं। वे खुद को अच्छी तरह से नहीं जानते, न ही यह जानते हैं कि वे कौन हैं... और मैं कौन हूँ?" इसी सवाल ने मेरी पूरी ज़िन्दगी को बदल कर रख दिया। अगर आप भी मेरी तरह सोचते हो —"क्या है इस ज़िन्दगी का असली रहस्य?" तो आज जो कुछ भी आप पढ़ रहे हैं —वो आपके लिए ही है। इस दुनिया की सारी सच्चाइयाँ, असली राज़ और अद्भुत रहस्य, और सेल्फ मास्टरी का यह सफ़र बहुत ही मंगलमय होने वाला है।

रिसर्च के अनुसार, पता चला कियह ज़िन्दगी "एक विचार है"। हर मनुष्य के जीवन में यही विचार काम करते हैं। ये विचार विभिन्न स्थितियों में हो सकते हैं, जैसे:

- कोई सिर्फ़ नकारात्मक सोचता है।
- कोई नकारात्मक और सकारात्मक दोनों सोचता है।
- कोई सिर्फ़ सकारात्मक सोचता है।
- कोई पॉवरफुल सोच रखता है।

इसीलिए इंसान अलग-अलग प्रकार के होते हैं —जैसे गुरु, डॉक्टर, साधु-संत, वैज्ञानिक, विचारक, गरीब-अमीर, मालिक-नौकर, और अनेक महान महापुरुष। यह जो इतना बड़ा फर्क है —ये सब विचारों का ही खेल है। इसलिए तो हम अक्सर सुनते हैं —"जैसा विचार, वैसा मनुष्य। "जेम्स एलेन कहते हैं: "मन में सोचा, हमने बनाया है। हम जो सोच रहे हैं, हमने उसे गढ़ा और रचा है। यदि व्यक्ति के दिमाग़ में बुरे विचार आते हैं, तो दर्द उसी पर लौटता है। एक आदमी का शाब्दिक अर्थ है —वह क्या सोचता है। उसका चरित्र, उसके सभी विचारों का पूर्ण

योग है।" ज़िन्दगी में ज़्यादातर इंसान "मैं" से लेकर झगड़ा करते हैं और परेशान होते हैं, जैसे —"ये मेरा है, वो तेरा है।" वास्तविक रूप से देखा जाए तो, इस संसार में कर्म और संस्कार के अलावा हमारा कुछ भी नहीं है। इसलिए 'मैं' की परिभाषा को समझना बहुत ही ज़रूरी है।

෧৬

3

"मैं" की परिभाषा

मनुष्य अपने जीवन में कई पहेलियाँ हल करता है और उसके फलस्वरूप इनाम पाता है। परंतु इस छोटी-सी पहेली का हल कोई नहीं जानता कि — "मैं कौन हूँ?" यहाँ तो हर एक मनुष्य सारा दिन "मैं... मैं..." कहता रहता है, परंतु यदि उससे पूछा जाए कि "मैं" कहने वाला कौन है? तो वह कहेगा,"मैं शाम हूँ..." या "मैं घनश्याम हूँ।" परंतु सोचा जाए तो वास्तव में यह तो शरीर का नाम है। शरीर तो "मेरा" है,'मैं' तो शरीर से अलग हूँ। बस, इस छोटी-सी पहेली का प्रैक्टिकल हल न जानने के कारण — अर्थात स्वयं को न जानने के कारण, और अपनी शक्तियों को न जानने के कारण — आज सभी मनुष्य देह-अभिमानी हैं। और सभी *काम, क्रोध, मोह, माया, आकर्षण* — इन विकारों के वश में हैं तथा *दुखी* हैं।

अब परमपिता परमात्मा कहते हैं: "आज मनुष्य में घमंड तो इतना है कि वह समझता है 'मैं सेठ हूँ', 'मैं अफसर हूँ', 'मैं स्वामी हूँ', 'मैं वो हूँ'...यानी जो कुछ भी हो...परंतु उसमें अज्ञान इतना है कि वह स्वयं को भी नहीं जानता।" "मैं कौन हूँ? यही सृष्टि रूपी खेल है — आदि से अंत तक कैसे बना हुआ है, मैं इसमें कहाँ से आया, कब आया, कैसे आया, कैसे सुख-शांति का राज्य गंवाया, तथा परमप्रिय परमपिता परमात्मा (इस सृष्टि के रचयिता) कौन हैं?" इन रहस्यों को कोई नहीं जानता।

अगर मनुष्य स्वयं से अवगत हो जाए तो जीवन की इस पहेली को फिर से जानकर, मनुष्य देह-अभिमान से मुक्त बन सकता है। वह

सम्पूर्ण पवित्रता, सुख और शांति को पा सकता है। जब कोई मनुष्य दुखी होता है और अशांत होता है, तो वह प्रभु को ही पुकारता है, जैसे: "हे दुखहर्ता, सुखकर्ता, शांति-दाता प्रभु, मुझे शांति दो। विकारों की वशीभूत स्थिति में भी वह परमात्मा की आरती करते हुए कहता है: "विषय-विकार मिटाओ, पाप हरो देवा!" अथवा "हे प्रभुजी, हम सबको शुद्धता ही दीजिए, दूर करके हर बुराई को भलाई दीजिए। परंतु परमात्मा तो हमारा पथ-प्रदर्शन करते हैं और हमें सहायता भी देते हैं —लेकिन पुरुषार्थ तो हमें स्वयं ही करना होगा। तभी तो हम जीवन में सच्चा सुख, सच्ची शांति प्राप्त करेंगे और श्रेष्ठचारी बन पाएँगे।

4

आत्मा क्या है, मन क्या है?

अभी तक हमने सुना है कि, "हम आत्मा हैं।" लेकिन मनुष्य आज अपने सारे दिन की बातचीत में प्रतिदिन न जाने कितनी बार 'मैं' शब्द का प्रयोग करता है। परन्तु यह एक आश्चर्य की बात है कि प्रतिदिन 'मैं' और 'मेरा' शब्द का अनेकानेक बार प्रयोग करने पर भी मनुष्य यथार्थ रूप में यह नहीं जानता कि, 'मैं' कहने वाली सत्ता का स्वरूप क्या है, अर्थात् 'मैं' शब्द जिस वस्तु का सूचक है, वह क्या है? आज मनुष्य ने विज्ञान द्वारा बड़ी-बड़ी शक्तिशाली चीज़ें तो बना डाली हैं, उसने संसार की अनेक पहेलियों का उत्तर भी जान लिया है और वह अन्य अनेक जटिल समस्याओं का हल ढूंढ निकालने में खूब लगा हुआ है, परन्तु "मैं" कहने वाला कौन है, इसके बारे में वह सत्यता को नहीं जानता अर्थात् वह स्वयं को नहीं पहचानता। आज किसी मनुष्य से पूछा जाए कि, "आप कौन हैं?" तो वह झट से अपने शरीर का नाम बता देगा अथवा जो धंधा वह करता है वह उसका नाम बता देगा।

इस ज़िंदगी में इन नियमों को हमेशा ध्यान में रखने का:

- शरीर से ताकतवान इंद्रियाँ,
- इंद्रियों से ताकतवान मन,

- और मन से ताकतवान बुद्धि,
- और बुद्धि से ज्यादा ताकतवान "आत्मा" है।

ये नियम किसी को पता होते हैं तो किसी को नहीं, लेकिन ज़्यादातर लोग इस जीवन में लम्बाई को चुनते हैं और गहराई को छोड़ देते हैं। इस जीवन में आत्मा को प्यार करना होता है। अक्सर देखने को मिलता है लोग शरीर पर प्यार करते हैं जो एक दिन नष्ट हो जाएगा। जो लोग आत्मा से कनेक्ट होते हैं वो जीवन में बेहतर जीवन जीते हैं। इसलिए आपको भी आत्मा को समझने के लिए ध्यान करना होगा, इस प्रकृति से जुड़ना होगा। वास्तव में "मैं" शब्द शरीर से भिन्न चेतना सत्ता है 'आत्मा' का सूचक है। जैसे कि, मनुष्य (जीवात्मा) आत्मा और शरीर मिलाकर बनता है। जैसे शरीर पाँच तत्वों (जल, वायु, अग्नि, आकाश, और पृथ्वी) से बना हुआ होता है वैसे ही आत्मा, मन, बुद्धि, और संस्कारमय होती है। आत्मा में ही विचार करने और निर्णय करने की शक्ति होती है तथा वह जैसे कर्म करती है उसी के अनुसार उसके संस्कार बनते हैं। आत्मा एक चेतक एवं अविनाशी ज्योति-बिन्दु है जो कि मानव के भ्रकुटी में निवास करती है। जैसे रात्रि को आकाश में जगमगाते हुए तारे एक बिंदु सा दिखाई देते हैं, वैसे ही दिव्य-दृष्टि द्वारा आत्मा भी एक तारे की तरह दिखाई देती है। इसलिए एक प्रसिद्धि पद में कहा गया है, "भ्रकुटी में चमकता है एक अजब तारा, बहुत ही प्यारा लगता है।"

आत्मा का वास भ्रकुटी में होने के कारण ही भक्तों लोगों में यहाँ बिंदी अथवा तिलक लगाने की प्रथा है। यहाँ आत्मा का संबंध मस्तिष्क से जुड़ा है और मस्तिष्क का सम्बन्ध सारे शरीर में फैले ज्ञान-तंतुओं से है। आत्मा ही में पहले संकल्प उठता है और फिर मस्तिष्क तथा तंतुओं द्वारा व्यक्त होता है। आत्मा ही शांति अथवा दुःख का अनुभव करती तथा निर्णय करती है और उसी में संस्कार रहते हैं। अतः मन और बुद्धि आत्मा से अलग नहीं हैं। परन्तु आज स्वयं को भूलकर देह—स्त्री, पुरुष, बुढ़ा, जवान इत्यादि मान बैठे हैं। यह देह-अभिमान ही दुःख का कारण है। उपरोक्त रहस्य को मोटर के ड्राइवर के उदाहरण द्वारा भी स्पष्ट किया गया है। शरीर मोटर के समान है तथा आत्मा इसका ड्राइवर है,

अर्थात् जैसे ड्राइवर मोटर का नियंत्रण करता है, उसी प्रकार आत्मा शरीर का नियंत्रण करती है। आत्मा के बिना शरीर निष्प्राण है, जैसे ड्राइवर के बिना मोटर। अतः परमपिता परमात्मा कहते हैं कि, अपने आपको पहचानने से ही मनुष्य इस शरीर रूपी मोटर को चला सकता है और अपने लक्ष्य पर पहुँच सकता है। अन्यथा जैसे कि ड्राइवर कार चलाने में निपुण न होने के कारण दुर्घटना का शिकार बन जाता है और कार उसके यात्रियों को भी चोट लगती है, इसी प्रकार जिस मनुष्य को अपनी पहचान नहीं है वह स्वयं तो दुखी और अशांत होता ही है, साथ में अपने संपर्क में आने वाले मित्र-संबंधियों को भी अशांत बना देता है।

अतः सच्चे सुख व सच्ची शांति के लिए स्वयं को जानना अति आवश्यक है। 2016 में अमेरिका में "ह्यूमन कॉन्शियसनेस" पर रिसर्च किया गया था और तब पता चला कि, "दिमाग में ही सारी भावनाएँ उत्पन्न होती हैं और दिमाग में कई शक्तियाँ हैं, वे ऊर्जा पैदा करके शरीर को चलाती हैं। तब उसने नाम दिया 'जागृत'—उसे सब पता होता है, यहाँ तक कि आने वाले समय में क्या होने वाला है। उसे ही "आत्मा" कहते हैं।

हम जो भी हैं वही हैं। इसी आत्मा में ही, सुख, प्रेम, दृढ़ता, नम्रता, अंतर्मुखता और सत्यता, सामना करने की शक्ति, परखने की शक्ति, सहयोग की शक्ति, सहनशक्ति, शांति, पवित्रता, शक्ति, आनंद, मन, संस्कार, बुद्धि—यानी आज मनुष्य जो कुछ कर रहा है, इसी आत्मा के वजह से ही है। जो व्यक्ति अपनी आत्मा की पॉवर बढ़ा लेता है और स्वयं को जान लेता है, उसे किसी के पास जाने की ज़रूरत नहीं पड़ती। वो हर सवाल का जवाब अपने अंदर ही ढूंढ लेता है। इसलिए आपको इस किताब में लेखक ने जो भी बातें बताई हैं, उसे "जानो नहीं, मानो नहीं—समझो," लेखक यही कहते हैं कि, जब तक समझेंगे नहीं, तब तक कभी भी खुद को नहीं जान पाएँगे। इसलिए अपनी बुद्धि, मन, संस्कार को समझो। ऊपर बताई गई सभी प्रकार की शक्तियाँ हमारे अंदर ही हैं लेकिन आप विश्वास मत कीजिए, आप स्वयं अनुभव कीजिए। शांत मन से ध्यान करके अनुभव करके देखिए।

5

पाँच तत्व की ऊर्जा

आकाश, वायु, अग्नि, जल, और पृथ्वी — इन्हीं पाँच तत्वों की ऊर्जा से हमारा शरीर संचालित होता है। ये सभी ऊर्जा हमारे *अंदर* ही विद्‌यमान हैं। जैसे:

- आकाश तत्व से शांति की ऊर्जा प्राप्त होती है,
- जल तत्व से पवित्रता की,
- अग्नि तत्व से सुख की,
- वायु तत्व से प्रेम की,
- और पृथ्वी तत्व से शक्ति की।

इन पाँचों तत्वों के समन्वय से एक *ब्रह्म तत्व* का निर्माण होता है, जिसे "बुद्‌धि" कहा जाता है। अब आप समझ ही चुके होंगे कि यही पाँच तत्व हमारे शरीर, मन और जीवन को संचालित करते हैं। यदि आत्मा की ऊर्जा कम हो जाती है, तो इसका प्रभाव हमारे जीवन के हर क्षेत्र पर पड़ता है — मानसिक, शारीरिक और भावनात्मक समस्याएँ उत्पन्न होने लगती हैं। इन्हीं समस्याओं से मुक्त होने के लिए *सात चक्रों* का ज्ञान और साधना दी गई है:

सात चक्र और उनकी ऊर्जा

- मूलाधार चक्र – शक्ति बढ़ाने के लिए
- स्वाधिष्ठान चक्र – पवित्रता की शक्ति
- मणिपुर चक्र – सुख की शक्ति
- अनाहत चक्र – प्रेम और स्नेह की शक्ति
- विशुद्धि चक्र – शांति की शक्ति
- आज्ञा चक्र – बुद्धि की शक्ति
- सहस्रार चक्र – आनंद की शक्ति

जब आत्मा की ऊर्जा में कमी आती है, तो उसका परिणाम जीवन के हर क्षेत्र में दिखाई देता है—शारीरिक, मानसिक, आर्थिक, पारिवारिक और सामाजिक रूप से। लेकिन वास्तव में, सभी उत्तर हमारे *भीतर* ही छिपे होते हैं। अगर आप सोचते हैं.. अगर आप सोचते हैं कि आप हार गए हैं, तो आप हार चुके हैं। अगर आप सोचते हैं कि आपमें साहस नहीं है, तो आप सचमुच साहसी नहीं हैं। अगर आप जीतना चाहते हैं, पर मन में हार का भाव है, तो आप जीत नहीं पाएँगे। क्योंकि सफलता की शुरुआत मनुष्य की सोच और उसकी *इच्छा* से होती है।

यही सोच जीवन की दिशा तय करती है—आपका आत्मविश्वास ही आपकी आत्मा की पहचान है। जब हमारे पास कुछ भी नहीं होता, फिर भी हम कहते हैं *"मेरे पास आत्मविश्वास है"*, तो यह आत्मा की शक्ति होती है। जीवन की दिशा: भीतर से तय होती है, हमारे जीवन की दशा और दिशा हमारे भीतर से ही तय होती है: सफल या असफल, गरीब या धनवान, बुद्धिमान या मूर्ख, गुस्सा या प्रेम, सुख या दुःख, हार या जीत — यह सब हमारी *सोच* और *ऊर्जा के स्तर* पर निर्भर करता है। अतः यह जरूरी है कि हम अपनी सोच का अवलोकन करें और गहराई से आत्मनिरीक्षण करें। की दिशा बदलें, जीवन बदल जाएगा, यदि जीवन में समस्याएँ हैं, तो ध्यान और साधना के माध्यम से हम अपनी ऊर्जा को पुनः विकसित कर सकते हैं:

- शारीरिक या मानसिक रोगों के लिए – मन, बुद्धि और संस्कार की ऊर्जा बढ़ाएँ।
- आर्थिक कठिनाई हो तो – मूलाधार चक्र की शक्ति जाग्रत करें।
- बुद्धि और निर्णय में कमी हो तो – आज्ञा चक्र को सशक्त करें।
- धन की कमी हो तो – स्वाधिष्ठान चक्र की पवित्रता बढ़ाएँ।

स्मरण रखें: "विचार ही वस्तु बन जाते हैं।" यदि आप इन सभी गुणों की ऊर्जा को जाग्रत कर लें, तो यह जीवन अत्यंत सुंदर, सफल और संतुलित हो सकता है। जीवन में नियमों का महत्व: इस जीवन को समझने के लिए कुछ सूत्र सदा ध्यान में रखें:

- जैसी दृष्टि, वैसी सृष्टि
- जैसा अन्न, वैसा मन
- जैसा पानी, वैसी वाणी
- जैसा संग, वैसा रंग
- जैसा दान, वैसा पुण्य
- जैसा लक्ष्य, वैसा लक्षण
- जैसा देश, वैसा वेश
- जैसा कर्म, वैसा जन्म
- जैसी स्मृति, वैसी स्थिति
- जैसी वृत्ति, वैसा वातावरण
- जैसी तपस्या, वैसा यादगार
- जैसी साधना, वैसी सिद्धि
- जैसा चित्र, वैसा चरित्र
- जैसा संबंध, वैसा स्नेह
- जैसा माली, वैसा बगीचा
- जैसा बीज, वैसा फल
- जैसी अवस्था, वैसी व्यवस्था
- जैसे विचार, वैसी वाणी
- जैसी भावना, वैसी प्राप्ति

- जैसा निश्चय, वैसा नशा
- जैसी कमाई, वैसी बरकत
- जैसा पुरुषार्थ, वैसा पद
- जैसी दृढ़ता, वैसी सफलता

इस जीवन को समझने का रहस्य आप जान चुके हैं। "जानो मत, मानो मत, समझो" — और जो कुछ भी बताया गया है, उसे *आत्मसात* करें। अपने जीवन में इन सिद्धांतों को पूरे समर्पण के साथ लागू करें। आपका जीवन निश्चय ही और बेहतर होता जाएगा।

6

प्रेम और पवित्रता

प्रेम, एक ऐसी शक्ति है जिससे स्वयं भगवान भी पिघलते हैं। परंतु आज के युग में इस प्रेम को समझना और उसके गहराई को महसूस करना दुर्लभ होता जा रहा है। विशेषकर युवाओं में, प्रेम को अक्सर केवल शारीरिक आकर्षण या क्षणिक सुख का माध्यम समझा जाता है। यही भ्रम उन्हें जीवन के रास्ते से भटका देता है। प्रेम का सच्चा अर्थ बहुत ही सरल और विशुद्ध है, लेकिन जब यह शरीर तक सीमित हो जाता है, तो वह प्रेम नहीं, एक बड़ा अनर्थ बन जाता है। आज अधिकांश युवा प्रेम के नाम पर सामने वाले की भावनाओं से खेलते हैं, और अपने जीवन के साथ-साथ दूसरों का भी नुकसान कर बैठते हैं। यदि यह समझा जाए कि "जहाँ प्रेम है, वहाँ दुःख कैसे?" — तो ये स्पष्ट हो जाएगा कि जहाँ सच्चा प्रेम होता है, वहाँ अंधकार नहीं टिक सकता। प्रेम वह शक्ति है जिससे यह सारा संसार संचालित होता है। लेकिन जब प्रेम को केवल शरीर तक सीमित कर दिया जाता है, तो इसका मूल अर्थ नष्ट हो जाता है।

शारीरिक आकर्षण को प्रेम समझने की गलती के परिणामस्वरूप:

- व्यक्ति खुद को नहीं पहचान पाता।
- माता-पिता को भूल जाता है।
- परिवार में दरारें आ जाती हैं।
- जीवन में दुःख का वास होता है।

* जीवन का सही अर्थ नहीं समझ पाता।

इस प्रकार प्रेम की गलत समझ पारिवारिक, सामाजिक, राष्ट्रीय और प्राकृतिक संतुलन को भी बिगाड़ देती है। **प्रेम का रहस्य;** प्रेम को यदि आप अपनी सबसे बड़ी शक्ति बना लें, तो कोई भी आपको पराजित नहीं कर सकता। सच्चा प्रेम सूरज की किरणों जैसा होता है — जो बर्फ को पिघला देता है और स्वयं प्रकाश का स्रोत बन जाता है। अंधेरे से प्रेम करें, क्योंकि वो आपको तारे दिखाता है। असफलता को स्वीकार करें, क्योंकि वो आपके हृदय को बड़ा बनाती है। पुरस्कारों को गले लगाएं, क्योंकि वो आपकी मेहनत का फल हैं। बाधाओं का स्वागत करें, क्योंकि वे आपको मजबूत बनाती हैं। हर इंसान से प्रेम करें, क्योंकि हर किसी में कुछ अच्छा अवश्य होता है, भले ही पहली नज़र में वह दिखाई न दे। अपने चारों ओर संदेह और घृणा की दीवारें नहीं, प्रेम के फूल उगाइए। आपका प्रेम लोगों की आत्मा तक पहुंचे, ऐसा प्रयास कीजिए।

प्रेम न केवल हृदयों को जोड़ता है, बल्कि यह आपका कवच भी बनता है — जो आपको दुःख और निराशा से सुरक्षित रखता है। यह आपको टूटने नहीं देता, बल्कि उठाकर फिर से खड़ा करता है। अपने शरीर, मन और आत्मा का ध्यान रखें। शरीर की इच्छाओं में न फंसें, बल्कि उसे शुद्ध और संयमित बनाए रखें। इंद्रियों पर नियंत्रण रखकर, प्रेम को सही दिशा दें। प्रेम से ही चरित्र का निर्माण होता है और बिना युद्ध के भी विजय संभव होती है। प्रेम की सही समझ – सफलता की राह; प्रेम का सही अर्थ जानकर, हम मृत्यु के बाद भी समाज में जीवित रह सकते हैं। यही प्रेम की वास्तविक ताकत है। अधिकतर लोग अपनी प्रेमशक्ति को नहीं पहचान पाते, इसलिए यह समझना आवश्यक है कि "असल में प्रेम होता क्या है?"

आचार्य चाणक्य कहते हैं —

"प्रेम मात्र आकर्षण है। यदि इस आकर्षण को नियंत्रित न किया जाए, तो यह विनाशकारी परिणाम दे सकता है।" आम व्यक्ति के लिए यह सामान्य हो सकता है, लेकिन जिसने महान बनने का लक्ष्य निर्धारित किया है, उसके लिए यह आत्मघाती हो सकता है। प्रेम की

आसक्ति व्यक्ति की सत्ता और शक्ति को नष्ट कर देती है, उसे असुरक्षा और भ्रम में डाल देती है। महान लक्ष्य की प्राप्ति के लिए, आत्मानुशासन आवश्यक है। यदि प्रेम किसी को भटका रहा है, लक्ष्य से हटा रहा है, तो वह प्रेम नहीं — एक भ्रम है, एक अपराध है। "यदि साधारण मूल्य चुका कर महान लक्ष्य मिल जाता, तो आज हर कोई महान होता।" प्रेम एक नैतिक नशा है — जिसमें व्यक्ति वास्तविकता को भूल जाता है। इसलिए प्रेम करना है, तो पहले सामने वाले को भली-भांति समझिए। अगर प्रेम आपके वर्षों के संजोए हुए सपनों को नष्ट कर दे, तो वह प्रेम नहीं, एक भूल है। जो व्यक्ति अपने मन और शरीर को वज्र-सा बना लेता है, वही आत्मनियंत्रण के मार्ग पर आगे बढ़ सकता है। संसार में सबसे सुंदर है – निष्कलंक पुरुष। स्त्री में पुरुष की तुलना में अधिक भूख, चार गुना लज्जा और आठ गुना कामुकता होती है। इसलिए स्वयं को जानना आवश्यक है। सफलता के लिए आवश्यक है आत्मज्ञान। स्वयं को भीतर और बाहर दोनों ओर से मजबूत बनाइए। जब आपका मन आपके अनुसार चलने लगे, तो आप एक वज्र-सदृश व्यक्ति बन जाएंगे। यदि मन नकारात्मक हो रहा हो, तो उसे पुनः साधिए — और लक्ष्य की ओर एकाग्र हो जाइए।

7

जहाँ प्रेम, वहाँ प्रकाश

जहाँ प्रेम वहाँ दुःख कैसे, जहाँ रौशनी वहाँ अंधेरा कैसे?

कई बार लगता है कि जिसे हम कभी रोते नहीं देख सकते, वही हमारे आँसुओं की वजह बन जाता है। जिसे दिल से संजोते हैं, जिसके लिए सारी दुनिया को पीछे छोड़ देते हैं, वही हमें तोड़ देता है। दिन-रात, हर पल, हर साँस में जिसकी फिक्र रहती है, वही हमारी कद्र नहीं करता। जिसकी एक मुस्कान के लिए हम खुद को पूरी तरह से बदल लेते हैं, वही हमारी हँसी छीन लेता है। जिसके साथ हम अपने जीवन के हर सपने जोड़ लेते हैं, वही हमारे हर सपने को चूर कर देता है। जिसे हम अपने मन के मौसम में बसा लेते हैं, वही हमारे दिल को तोड़ देता है। जिसके दुःख को देखकर हमें अपना दुःख छोटा लगने लगता है, वही हमें गहरा दर्द दे जाता है। किसी ने मुझसे एक सवाल पूछा था – "आजकल के लोगों को देखकर लगता है कि कोई सच्चे प्यार के लायक ही नहीं।" और कई बार लगता है कि शायद ये सही है – लोगों को प्यार करना ही नहीं आता। लेकिन नहीं, जवाब यही है – हाँ, सब लोग सच्चे प्यार के लायक नहीं होते, पर कुछ लोग हैं जो सच में प्यार करते हैं, और उसे निभाते भी हैं।

सच्चा प्यार कभी दर्द नहीं देता। दर्द तब होता है जब प्यार के बदले प्यार नहीं मिलता। जहाँ प्रेम है वहाँ दुःख कहाँ? जहाँ रौशनी है, वहाँ

अंधेरा कैसे हो सकता है? कोई एक इंसान अगर तुम्हारे प्रेम को नहीं समझ सका, इसका ये मतलब नहीं कि प्रेम में कमी थी। एक माँ जब अपने बच्चे की गंदगी तक उठाती है, क्या वो प्यार नहीं है? एक पिता जो दिन-रात मेहनत करता है, क्या वो प्यार नहीं है? एक दोस्त जो तुम्हारे साथ हर मुश्किल में खड़ा रहता है, क्या वो प्यार नहीं है? ज़िंदगी की खूबसूरती, इस सृष्टि की सुंदरता, सब कुछ प्रेम से ही है। तुम्हें प्रेम ने कभी दुःख नहीं दिया, दुःख दिया किसी के झूठ ने, किसी की बेवफाई ने, किसी के छल ने। लोग कहते हैं – आजकल कोई भी प्यार के काबिल नहीं। लेकिन सच्चाई ये है कि प्यार भोला होता है, सीधा होता है, उसमें कोई चालाकी नहीं होती। अक़्ल वाले लोग प्यार नहीं कर पाते और जो प्यार करते हैं, वो अक़्ल वालों की बात नहीं समझ पाते। जिस दिन तुम्हें सच्चा प्यार मिलेगा, उस दिन तुम्हें हर चीज़ खूबसूरत लगने लगेगी। तुम्हें अपनी ज़िंदगी से प्यार हो जाएगा, खुद से प्यार हो जाएगा, और तुम हर मुश्किल को पार कर जाओगे। एक इंसान की गलती की वजह से प्रेम को दोष मत दो। एक इंसान के झूठ की वजह से प्रेम की सच्चाई को मत झुठलाओ। प्रेम तो वो है जो खुद परमात्मा का रूप है। माँ की ममता प्रेम है, पिता की चिंता प्रेम है, दोस्तों की वफादारी प्रेम है। "ईश्वर स्वयं प्रेम है।"

श्रीकृष्ण कहते हैं – "जो मुझसे प्रेम करता है, मैं स्वयं उसमें बसता हूँ।" हाँ, हो सकता है तुमने किसी को प्रेम दिया और बदले में दर्द पाया। लेकिन ध्यान देना – तुम्हें दर्द प्रेम ने नहीं, एक गलत व्यक्ति ने दिया। जिस दिन तुम्हें सच्चा प्रेम मिलेगा, उस दिन तुम खुद कहोगे – "इस दुनिया में प्रेम से बढ़कर कोई शक्ति नहीं।" हम बंधन में इसलिए नहीं बंधते कि हम कुछ दे रहे हैं, बल्कि इसलिए कि हम कुछ चाहते हैं। मोह करके हम सुख पाते हैं, लेकिन फिर दुःख आता है जब हम बदले में कुछ पाना चाहते हैं। जहाँ अपेक्षा नहीं है, वहाँ दुःख भी नहीं है। निस्वार्थ भाव से देना ही सच्ची खुशी है, यही प्रेम का अटल नियम है।

अब समझिए, आखिर प्रेम होता क्या है?

आज हमारे समाज में अनेक युवा, प्रेम की सही समझ के अभाव में तनाव का शिकार हो जाते हैं। वे गहरे दुःख से गुजरते हैं और कई बार

उन्हें जीवन का अंत ही एकमात्र उपाय लगता है, जो कि पूर्णतः अनुचित है। अतः हमें यह जानना अति आवश्यक है कि—प्रेम आखिर होता क्या है? इसकी शक्ति क्या है? इसका स्वरूप कैसा है? और इसका प्रभाव कितना व्यापक है?

सदा याद रखें, प्रेम एक दिव्य भाव है — जिसे सबसे ख़ूबसूरत एहसास भी कहा जा सकता है। यह सदा ही पवित्र और शुद्ध भावना होती है। प्रेम कभी भी बुद्धि और तर्क का विषय नहीं होता। यह तो हृदय और भावना का विषय है। जहाँ रिश्तों में तर्क और बुद्धि अधिक हावी हो जाते हैं, वहाँ भावनाएँ बिखर जाती हैं। और जब भावनाएँ बिखरने लगती हैं, तो विश्वास की दोर टूट जाती है। जहाँ विश्वास नहीं होता, वहाँ प्रेम हो ही नहीं सकता — क्योंकि प्रेम, विश्वास का ही दूसरा नाम है। प्रेम एक सुंदर अनुभव है, जो स्वयं से पहले अपने प्रिय की भलाई को देखता है। आज के युग में यह समझ अत्यंत आवश्यक है, क्योंकि लोग अक्सर प्रेम में अंधे हो जाते हैं। वे जीने का तरीका भूल जाते हैं और रिश्ते में स्थायी दरार आ जाती है। इसलिए इसे "जानो मत, मानो मत — पहले समझो"। प्रेम निस्वार्थ और निष्कलंक भावना का प्रतीक है। यह व्यक्ति को अपने प्रिय के प्रति पूर्ण समर्पण की प्रेरणा देता है। प्रेम = Commitment हैं। यह जीवन में निष्ठा, चरित्र और सदाचार के मार्ग को दर्शाता है। प्रेम लेने का नहीं, बल्कि देने का भाव है। यदि आप प्रेम में अपेक्षा रखने लगें, तो समझ लीजिए — आप सच्चे प्रेम से दूर हो गए हैं।

क्योंकि प्रेम न तो व्यापार है और न ही कोई सौदा। प्रेम तो त्याग और बलिदान की मिसाल है। यदि यह आपके हृदय में है, तो यह आपके पतन का नहीं, बल्कि सदा आपके मंगल का कारण बनेगा। इसलिए सच्चे प्रेम में कभी पराजय नहीं होती, प्रेम सदा प्रगति और वृद्धि का कारक होता है। सच्चा प्रेम आपको निडर बनाता है। मगर जहाँ भय जीवित है, वहाँ प्रेम कैसे टिक सकता है? विचार कीजिए — प्रेम विघ्ननाशक होता है, फिर जहाँ प्रेम है, वहाँ समस्या कैसे रह सकती है? यदि आपके जीवन में केवल कठिनाई और पीड़ा है, तो वह प्रेम नहीं बल्कि मोह या अनर्थ है। क्योंकि प्रेम तो स्वयं हर समस्या का अंत है। मोह और प्रेम में अंतर समझिए; हर युवा को यह भलीभांति समझना चाहिए कि: मोह व्यक्ति

को अपने अंदर बाँधता है, उसे निर्बल बनाता है। **प्रेम** व्यक्ति को हर आसक्ति से ऊपर उठाकर उसे बलवान बनाता है। प्रेम वह पवित्र बंधन है जो झूठी माया से मुक्त करता है। जबकि मोह व्यक्ति को माया का गुलाम बना देता है।

प्रेम हर समस्या का समाधान है। मोह हर समस्या की शुरुआत है। **प्रेम = स्पष्टता, मोह = संशय** और जहाँ संशय है, वहाँ प्रेम नहीं हो सकता। यदि आप भी अपने जीवन में किसी मानसिक उथल-पुथल से गुजर रहे हैं और मोह में अंधे होकर अपनी ऊर्जा को व्यर्थ कर रहे हैं, तो अब सचेत हो जाइए। **प्रेम की सबसे बड़ी सच्चाई पर विचार करें:** अब आगे के लेख में एक अत्यंत गंभीर सच्चाई की ओर ध्यान आकर्षित किया गया है — कृपया शांत चित्त और ईश्वर को साक्षी मानकर गहराई से विचार करें: "क्या कोई सच्चा प्रेमी, विवाह से पूर्व ही अपनी प्रेमिका की पवित्रता को, केवल क्षणिक सुख के लिए भंग कर सकता है?" यदि आप प्रेमी या प्रेमिका हैं, तो इस प्रश्न को गहराई से समझिए। सच्चा **प्रेम पवित्रता की रक्षा करता है, उसे तोड़ता नहीं।** सदा याद रखें — आपका सच्चा प्रेमी केवल ईश्वर हो सकता है। ईश्वर से किया गया प्रेम ही शाश्वत और परमानंद का मार्ग है। इस सात्विक सत्य को कभी न भूलें — यही आपके जीवन को सुंदर, सरल और सफल बनाएगा।

8

बदलें अपनी सोच, बदलेगा जीवन

कभी भी कुछ करना है तो, सोच-समझकर करना चाहिए। गलती से कई बार भारी गलती हो जाती है और बाद में बहुत पछताना पड़ता है। जीवन को हमेशा आनंदित ढंग से जीना चाहिए क्योंकि वक्त कभी भी बदल सकता है। जैसे बादल और छाया, इस पर भरोसा नहीं किया जा सकता, यह पल में बदल जाते हैं। इसलिए ज़िंदगी में हमेशा मुस्कुराते हुए जीना चाहिए।

जीवन एक चलता-फिरता मंदिर है, यह हमें पहली बार मिला है, इसलिए इसका अनुभव गहराई से करना हमारा कर्तव्य है। भगवान ने हमें सब कुछ दे दिया है, अब हमें अपने जीवन का सही उपयोग करते हुए एक नया इतिहास रचना है। कई बार जीवन में ऐसा समय आता है, जब आप भीतर से टूट जाते हैं और खुद को संभाल नहीं पाते। ऐसा क्यों होता है? क्योंकि आपकी इंद्रियों पर नियंत्रण नहीं होता। उस समय बहुत सी परेशानियाँ घेर लेती हैं। लेकिन आपको मेहनत से कभी डरना नहीं चाहिए और पीछे नहीं हटना चाहिए। 'ज़िंदगी की एक सच्चाई है – जो डर गया, वो मर गया।' इसे कभी नहीं भूलना चाहिए। जब आप कभी 'आउट ऑफ कंट्रोल' हो जाते हैं, तो बहुत बड़ी गलती कर बैठते हैं, और बाद में पछताते हैं कि काश कुछ पल खुद को संभाल लिया होता। क्योंकि हम

प्रकृति के बच्चे हैं, और वह हमें देखती रहती है, इसलिए हमें भी प्रकृति के नियमों को जानना चाहिए। 'अगर आप आम का बीज बोएँगे, तो आम ही उगेगा।' इसी तरह यदि आप नकारात्मक विचारों को अपने मन में बोएँगे, तो जीवन भी वैसा ही बनेगा।

इसलिए हमेशा अपने विचारों पर ध्यान दीजिए। सोचिए, मगर सावधानी से, क्योंकि आप जैसे सोचते हैं, वैसे ही बनते जाते हैं। यही प्रकृति का नियम है। हमें भी प्रकृति की तरह देना सीखना चाहिए। आज अधिकतर लोग स्वार्थ के लिए जीते हैं, लेकिन जीवन को सिर्फ अपने लिए नहीं, सेवा में लगाना चाहिए। कई लोग अधूरे ज्ञान के कारण जीवन को नहीं समझ पाते और एक सुंदर जीवन नहीं जी पाते। कुछ लोग गलत रास्ते पर चल पड़ते हैं, तो कुछ अच्छे रास्ते पर। लेकिन इंसान को कभी गलत रास्ता नहीं अपनाना चाहिए क्योंकि वह सबसे बुद्धिमान प्राणी है। अक्सर लोग अपनी खुशी, दुख और भावनाओं का नियंत्रण दूसरों के हाथ में दे देते हैं। जब कोई तारीफ करे तभी खुश होना इस तरह वे अपने जीवन का हर पल नहीं जी पाते। ज़िंदगी को खुद महसूस करके, अपने दिल से जीना चाहिए। तभी असली मजा है। जीवन की इस सच्चाई को कभी मत भूलिए 'जैसा कर्म, वैसा फल।' इसलिए हर पल अच्छा करने की दिशा में सोचिए। काम ऐसा करें कि पहचान बन जाए, कदम ऐसे चलें कि निशान बन जाए, जीने को तो सब जी रहे हैं, पर हम ऐसे जिएँ कि औरों के लिए मिसाल बन जाए।

इस जगत में ज़्यादातर लोग अपने मस्तिष्क की शक्ति का सही उपयोग नहीं करते। सबके पास शक्ति होती है, लेकिन उसका प्रयोग सही दिशा में नहीं करते। इसका असर हमारे जीवन पर पड़ता है। इसलिए समय का सदुपयोग कर अपनी शक्ति को अच्छे कार्यों में लगाइए। लोग जीवन में इसलिए सुखी नहीं रहते क्योंकि वे विचार करने में कम और स्वार्थ में ज़्यादा ऊर्जा लगाते हैं। जब इंसान निःस्वार्थ भाव से किसी की मदद करता है, तो उसे एक अलग सुख मिलता है। लेकिन ज़्यादातर लोग ऐसा नहीं करते, इसी कारण वे दुःखी रहते हैं। दुनिया में हर कोई पैसा कमाना चाहता है, लेकिन अपने मस्तिष्क और विचारशक्ति को कैसे प्रयोग करें – यह कोई नहीं जानता। इसलिए

लोग जीवन में हार जाते हैं और धोखे खाते रहते हैं। यह सब आज के समाज की कटु सच्चाई है। कभी भी खुद को कम मत समझिए। अधिकतर लोग दुनिया को देखकर डर जाते हैं, लेकिन यह मत भूलिए कि आपका दिमाग, आपकी शक्ति आपके पास है। बस भ्रम को दूर करने की आवश्यकता है। दूसरों को देखकर अपने निर्णय मत बदलिए। अपने जीवन को व्यर्थ मत कीजिए। एक सच्चाई बताता हूँ — आप जितनी जल्दी बड़ा सोचेंगे, उतनी ही जल्दी आप सफल होंगे। क्योंकि जैसी अपनी सोच होती है, वैसे ही विचार हमारे मस्तिष्क में घूमने लगते हैं। और इंसान अपनी सोच के अनुसार ही बनता चला जाता है। जैसे-जैसे हम सोचते हैं, वैसे ही चीज़ें हम आकर्षित करते हैं और वैसा ही जीवन अनुभव करते हैं। इसलिए — "अच्छा सोचो और अच्छा करो।"

जब भी आप तकलीफ में हों और आपकी सोच सकारात्मक हो, तो समझ लीजिए कि कुछ अच्छा होने वाला है। यह सब इस ब्रह्मांड की लीला है। इसलिए अपनी ज़िंदगी को पूरी तरह अनुभव करते हुए जीना चाहिए। जीने की कला सबके पास नहीं होती — जो अच्छा सोचता है, वही उसे सीख पाता है। इसीलिए, सोच को बदलकर जीवन को भी बदला जा सकता है। ज़िंदगी में जो कुछ आप देंगे, वही आपको लौटकर मिलेगा — चाहे वो विचार हों या कर्म। इसीलिए भीड़ से बाहर निकलकर अपनी आत्मा की आवाज़ सुनिए और काम करते रहिए। "साथ मिले तो ले लो, न मिले तो ग़म किसका?" इस संसार में कोई किसी की क़द्र नहीं करता, सब अपने रास्तों पर चलते हैं। आपको सोच-समझकर रास्ता चुनना है और आत्मा की पुकार सुननी है। अपने अच्छे कर्मों से पहचान बनाइए। अगर आपने खुद की एक सच्ची पहचान बना ली है, तो समझ लीजिए कि आप सही मार्ग पर हैं। बहुत से लोग डर के मारे चुपचाप बैठ जाते हैं, और इसी डर के कारण जीवन में आगे नहीं बढ़ पाते। इंसान भूल जाता है, "डर के आगे जीत है।"

सिकंदर वही बनता है जो हर दिन खुद को बेहतर बनाने की कोशिश करता है, अपने कर्मों में श्रेष्ठता लाने की चाह रखता है, और आत्म-नियंत्रण रखता है। ऐसे ही लोग जीवन में सफलता प्राप्त करते हैं। इसीलिए, अपने इस जीवन के सफर में हर पल खुद को और बेहतर

बनाने के लिए तैयार रहिए। अपनी सोच को बड़ा रखिए और खुशी से ज़िंदगी जीना सीखिए।

"ज़िंदगी मिली है तो कुछ बनकर दिखाओ।
आज वक़्त ख़राब है तो क्या हुआ,
एक दिन इसे बदलकर दिखाओ।"

ज़िंदगी को सही से जीने के लिए, अपने विचारों को बदलना बहुत ज़रूरी है। जब तक अपने विचार सकारात्मक नहीं होते, तब तक सच्चा जीवन जीना नहीं आता। कई बार खुद की ज़िंदगी ही बेकार लगने लगती है। क्यों? क्योंकि अधिकतर लोग अपने विचारों को समझ नहीं पाते और चिंता, डिप्रेशन में चले जाते हैं। तब इंसान अपनी सोचने की शक्ति को खो देता है और जीवन उसे बोझ लगने लगता है। इसलिए ज़िंदगी में मुस्कुराते रहिए, और हर दिन खुद को प्रेरित करते रहिए। ऐसा करेंगे तो आप इस जीवन में असाधारण कर सकते हैं।

नकारात्मक सोच से बाहर कैसे निकला जाए?

हर इंसान के जीवन में नकारात्मक विचार आते हैं। लेकिन जो व्यक्ति इससे ऊपर उठ जाता है — वही सफलता को प्राप्त करता है। बहुत से लोग अपनी नकारात्मक सोच से बाहर नहीं निकल पाते, और यही उनकी प्रगति में सबसे बड़ा डोरबन जाता है। इसलिए जरूरी है कि नकारात्मक सोच को सकारात्मक में बदला जाए। उसके लिए एक सकारात्मक वातावरण बनाना पड़ेगा — एक ऐसा माहौल जहाँ कोई भी नकारात्मकता न हो। खुद को एक अच्छा इंसान मानिए और एक स्पष्ट लक्ष्य तय कर लीजिए: "मुझे एक अच्छा इंसान बनना है।" हर रोज़ अपने मन में यह दोहराइए: *"मैं अपनी सोच बदल रहा हूँ। मैं अब से सिर्फ अच्छा सोचूंगा और करूंगा।"* ऐसा करने से नकारात्मकता धीरे-धीरे मिटने लगेगी। जब तक आप खुद को अच्छा नहीं मानते, तब तक आप कुछ अच्छा नहीं कर सकते। इसलिए छोटी सोच को त्यागें, अच्छी संगत अपनाएं, और अपने ऊपर अटूट विश्वास रखें। हर रोज़ अपने जीवन में जो भी मिला है उसके लिए कृतज्ञता प्रकट करें। अपने व्यवहार

को मधुर बनाए रखें और अपने सपनों को साकार करने के लिए पूरी तरह समर्पित हो जाएं। ऐसा करेंगे तो आपका जीवन अवश्य बदलने लगेगा। मैं स्वयं भी एक समय नकारात्मक सोच से जूझ रहा था। मेरे मन में बुरे विचार आते थे, मैं कल्पना में नकारात्मकता ढूंढता था और इसी कारण मैं अपना जीवन व्यर्थ बना रहा था। लेकिन मैंने ठान लिया — और कुछ ही दिनों में खुद को बदल दिया। दिमाग को अच्छे कामों में व्यस्त किया और धीरे-धीरे एक नया जीवन शुरू किया। आपको भी ऐसा ही करना है — अपने समय और ऊर्जा को सही दिशा में लगाइए। किसी भी काम को करने से पहले दिशा का मूल्यांकन कीजिए। आपका हर कार्य फलदायी हो, यही प्रयास कीजिए। अपने लक्ष्य बड़े रखें और आत्मविश्वास के साथ कर्म में लगे रहिए।

> *"अगर आप खुद पर विश्वास करते हैं,*
> *तो आप कुछ भी कर सकते हैं।*
> *अगर आप अच्छे निर्णय लेते हैं,*
> *तो आप अपने जीवन को सही दिशा दे सकते हैं।"*

इसलिए — अपनी ऊर्जा का सही इस्तेमाल करें। जो व्यक्ति अपनी ऊर्जा को सही जगह लगाता है, वह अपने जीवन में मनचाहा सबकुछ प्राप्त कर लेता है। और यही है जीवन की सच्ची राह — सच्चाई के मार्ग पर चलना, एक श्रेष्ठ इंसान बनना और अपने जीवन को बुलंदियों तक ले जाना।

9

जीने की कला और सकारात्मक जीवन

आपको कभी भी कमजोर नहीं बनना है। इस दुनिया में भ्रमित और नकारात्मक विश्वासों वाले लोग बहुत अधिक हैं। बहुत से लोगों को सही ढंग से बोलना भी नहीं आता, और सच यही है कि *"जिसे बोलना नहीं आता, उसे जीना भी नहीं आता।"* इसलिए सबसे पहले जीवन में जीने की कला सीखनी चाहिए। जो व्यक्ति जीने की कला जानता है, वह जीवन में कभी पीछे नहीं रहता। मधुर वाणी बोलने से जीवन को सुखद और शांत बनाया जा सकता है। पहचान, रिश्ते, और इज़्ज़त—ये सब जीवन जीने की कला के ही हिस्से हैं। जो व्यक्ति इस कला को सीख लेता है, वह एक सच्चे और अच्छे इंसान के रूप में पहचाना जाता है।

आपको जीवन में क्या बनना है, यह पूरी तरह आप पर निर्भर करता है। यदि आपके विचार, आदतें, और हर पल के निर्णय आपके सपनों के अनुसार हैं, तो निस्संदेह आप सही रास्ते पर हैं। फिर भी, इस संसार में जीने की कला जानना बहुत आवश्यक है। यह हर इंसान के लिए जरूरी है। जीवन में आप क्या करते हैं, यह उतना महत्वपूर्ण नहीं है, जितना यह कि आप किस प्रकार दूसरों के साथ जी रहे हैं। आपका असर दूसरों पर कैसा पड़ता है? क्या आप लोगों के दिलों में हैं? आपका व्यवहार, आपके विचार, आत्मविश्वास, आदतें और आपका चरित्र—यही सब मिलकर

तय करते हैं कि आप कौन हैं। आप मानव हैं या केवल स्वार्थी एक रूप—यह इस जीवन की अद्भुत सच्चाई है। जीने की कला इस बात में नहीं कि आपकी किस्मत आपकी हथेलियों में है या नहीं, बल्कि इसमें है कि आप अपनी किस्मत खुद गढ़ने की क्षमता रखते हैं। याद रखें, "*भाग्य रेखाओं में नहीं, कर्मों में बसता है।*" हमेशा ताकतवर बनो, कमजोर नहीं। आपके भीतर से जो ऊर्जा बाहर जाती है, वही आपका कर्म है, और जो कुछ भी आपके पास वापस आता है, वो उसका फल होता है।

इंसान अपने कर्म से कभी नहीं बच सकता। इसलिए हमेशा अच्छा कर्म करें। यदि कोई आपका अपमान करे या आपके साथ बुरा करे, तो भी उसे दुआ दें। क्योंकि आपका हर कर्म, हर भावना, हर विचार वापस आपकी ही ओर लौटता है। जब तक आप स्वयं के लिए अच्छा नहीं सोचेंगे, तब तक आपके साथ अच्छा होना भी मुश्किल है। आपकी सोच ही आपका भाग्य बनाती है। जैसी सोच, वैसा कर्म और वैसा ही परिणाम। हर दिन एक नई शुरुआत हो सकती है यदि आप हर दिन यह संकल्प लें कि "*मुझे आज औरों के लिए दुआ का कारण बनना है।*" अच्छे कर्म से जीवन बेहतर होता है। और यह भी सच है कि आज का युग अधिकांशतः नकारात्मकता से भरा हुआ है। ऐसे में अपने आप को कैसे नियंत्रण में रखें? जब भी कोई परिस्थिति नकारात्मक हो, और आपके नियंत्रण से बाहर हो, तब सबसे पहले खुद को शांत करें। परिस्थिति का निरीक्षण करें, प्रतिक्रिया देने से पहले सोचें, और अपने विचारों को नियंत्रित करें। उस पल में मौन रहना भी एक शक्ति है।

बुरे समय में सकारात्मक सोच रखना ही सबसे बड़ा साहस होता है। अच्छी सोच से बुरे से बुरा समय भी सुधर सकता है। सकारात्मक सोच से मन की शक्ति घटती नहीं, बल्कि और तेज़ होती है। दूसरों की सुन-सुन कर जीना छोड़ो, अपने दिल की सुनो। जीवन में हर क्षण यह स्मरण रखें कि समय बदल सकता है। अच्छाई और बुराई कभी भी सामने आ सकती है, इसलिए सतर्क रहो। हमेशा सत्य की ओर दृष्टि रखो, क्योंकि "*सत्य और मृत्यु*"—दोनों कभी भी आ सकते हैं। जीवन एक चलता-फिरता मंदिर है। जीवन जीना मुश्किल नहीं, बस अपने मन को समझना आना चाहिए। अगर आप अपने भीतर झांक कर स्वयं को जानना चाहें,

तो हर उत्तर मिलेगा। जब तक उत्तर न मिले, तब तक प्रयास करते रहो।

इस युग में मनुष्यता का अभाव है। क्योंकि लोग अज्ञानता में जी रहे हैं। उन्हें यह भी नहीं पता कि उनके भीतर कितनी शक्ति है। अज्ञानता में वे अपने जीवन को स्वयं ही बर्बाद कर देते हैं। कभी-कभी यह जीवन बिना गलती के भी सज़ा देता है। ऐसे समय में आत्म-संवाद बहुत ज़रूरी है। अपने आप से बात करना सीखो, क्योंकि भीतर की शांति वहीं छुपी है। यही सच्चा सुख है। अपने आप को समझो, तभी ब्रह्मांड को समझ पाओगेजब तक आप खुद को पूरी तरह नहीं समझ लेते, तब तक इस दुनिया और ब्रह्मांड को समझ पाना असंभव है। हर रोज़ जब समय मिले, अपने आप से मुस्कुराकर कहो, "मैं जैसा भी हूँ, बहुत अच्छा हूँ।" आजकल छोटी-छोटी बातों पर झगड़े हो जाते हैं। लोग अपने जीवन का अर्थ नहीं समझते। इसलिए ज़रूरी है कि दिल से जीना सीखें — गहराई से, सच्चाई से, मैं एक बात हमेशा कहता हूँ, "इस दुनिया के पीछे भागना बंद करो, वरना ये दुनिया तुम्हें पागल बना देगी और तुम्हारी ज़िंदगी को भी बरबाद कर देगी।" यह संसार स्वार्थ से भरा है। हर छोटी बात पर 'वो मेरा, वो तेरा' की भावना पालता है। इसलिए सबसे पहले अपने आप को समय देना सीखो। जब आप स्वयं को समय दोगे, तब दुनिया को देखने का नजरिया ही बदल जाएगा। और जब दृष्टिकोण बदलेगा, तब जीवन भी बदल जाएगा।

अपने भीतर कहो:

"जब तक जान है तब तक हौसला बनाकर जिऊंगा, वक़्त के साथ मुस्कुराते हुए, और अनुभव करते हुए जिऊंगा।"

ज़िंदगी में अपने फैसले खुद लेना सीखो। हर फैसला सोच-समझकर लो, ताकि कभी गलती से भी ग़लत राह पर न चलो। जीवन के रहस्य बहुत गहरे होते हैं — उन्हें समझना आसान नहीं। जो व्यक्ति खुद पर नियंत्रण रखता है, वही उन्हें समझ सकता है। मुश्किलें आएंगी, तो उनसे लड़ना सीखो। पीछे मत हटो। "जब तक आप संघर्ष नहीं करोगे, दुनिया डराती रहेगी।" डर को समाप्त करना सीखो। "जो डरेगा, वो मरेगा।" डर से नहीं, साहस से जीना सीखो। वरना, लोग अपने दिमाग की कमजोरी के कारण जीते जी भी एक 'जिंदा लाश' बन जाते हैं। बचपन की आज़ादी

को याद करो; कभी अपने आप से पूछो, "जब मैं बच्चा था, तो कितनी आज़ादी थी, कितनी ख़ुशी थी।" उस मासूमियत, उस आज़ादी को याद करके देखो — एक सुखद एहसास होगा। उसी भावना के साथ जीवन को फिर से जीना सीखो। ज़िंदगी में निराश मत हो, परेशान मत रहो। मुश्किलों का डटकर सामना करो। इंसान हो — गलती होगी, लेकिन उससे सीखो। "गलती वही करता है जो प्रयास करता है, और सीख वही पाता है जो उसे स्वीकार करता है।"

एक दिन मैंने एक चोर को पकड़ा। वह मुझसे उम्र में बड़ा था। मैंने उसे समझाया, "आप इतने समझदार हैं, फिर ऐसा क्यों?" वो फिर भी नहीं रुका। मैंने उसे शांति से कुछ समझाया और घर चला आया। लेकिन जो हुआ वो चौंकाने वाला था। उसने गाँव वालों को बताया कि मैंने उसे 'शाप' दे दिया और वो अब मरने वाला है! सोचिए, उसने गलती की और इल्ज़ाम मेरे ऊपर लगा दिया! ऐसी ही है दुनिया। मतलबी, स्वार्थी और भ्रमित। गलती खुद करेंगे, दोष दूसरों पर डालेंगे। इसलिए ज़िंदगी में अच्छे काम भी बुद्धिमानी और विवेक से करने चाहिए।

अपनी शक्ति को पहचानो; यह दुनिया स्वार्थ और अज्ञान से भरी है। अधिकतर लोगों को न तो अपने बारे में पता है, और न ही वे दूसरों को समझते हैं। फिर भी वे अपने आप को हीरो समझते हैं। इसलिए इस दुनिया के पीछे भागना बंद करो। अपने आप को पहचानो, और पूरी दुनिया को जीत लो। आपकी शक्ति में बहुत सामर्थ्य है। यदि आपने उसका सही उपयोग किया — तो कुछ भी असंभव नहीं। आप कुछ भी हासिल कर सकते हैं।

10
सपनों के लिए पागलपन

इस जीवन में अगर सच में कुछ करना है, तो अपने सपनों के लिए पागल बनो। हर दिन कुछ नया सीखने की कोशिश करो। हर सुबह अपने सपनों को याद करो और सोचो कि उन्हें साकार करने के लिए क्या आवश्यक है। फिर बिना देर किए, पूरे समर्पण के साथ उस दिशा में काम शुरू कर दो। अगर तुम्हें दुनिया से अलग हटकर कोई इतिहास बनाना है, तो सबसे पहले अपनी सोच को बदलो। अपने भीतर परिवर्तन लाओ और निरंतर लगन से मेहनत करते रहो। प्रकृति समय आने पर तुम्हें वही देगी, जिसके तुम सच्चे अधिकारी हो। जोखिम उठाना सीखो।

यदि अपने सपनों के लिए जान तक दांव पर लगानी पड़े, तो हिचको नहीं—दुनिया केवल देखती रह जाएगी। लेकिन एक बात हमेशा याद रखो: "मेहनत कभी मत छोड़ो।" खुद पर और अपने रास्ते पर अटल विश्वास रखो। हर इंसान ज़िंदगी को अलग तरीके से जीता है, क्योंकि हर व्यक्ति की सोच भिन्न होती है। पर बहुत कम लोग ऐसे होते हैं जो वास्तव में जीवन को गहराई से समझ पाते हैं। हर कोई खुश रहना चाहता है, पर सच्ची ख़ुशी सभी को नहीं मिलती।

कुछ लोग जवानी में ही टूट जाते हैं, जबकि कुछ उसी उम्र में इतिहास रच जाते हैं। कई लोग जीवन भर दुःख उठाते हैं। परन्तु सच यह है

कि—"आप अपना जीवन खुद बनाते हैं, अपनी सोच और कर्मों से।" कोई भिखारी बनता है, कोई मालिक; कोई सेवक बनता है, कोई शासक। यह सब सोच और चुनाव का खेल है। आपका परिवार, आपके मित्र, आपका वातावरण, मार्गदर्शन और ज्ञान—ये सभी मिलकर आपकी सोच को आकार देते हैं। और अंततः—"जैसी सोच, वैसा मनुष्य।"

11

खुद को समझो, दुनिया को नहीं

यदि तुम जीवन को सही मायनों में समझना चाहते हो, तो सबसे पहले खुद को समझो। मनुष्य की एक आम प्रवृति है—बिना सोचे दूसरों पर इल्ज़ाम मढ़ना। हम हमेशा दूसरों को समझने की कोशिश में लगे रहते हैं, और इसी प्रयास में स्वयं को भूल जाते हैं। सच यह है कि दुनिया को समझना आसान नहीं है। जब इंसान संघर्ष करता है, तब वह अकेला होता है। और जब सफलता मिलती है, तब वही दुनिया उसे घेर लेती है। अगर तुम असफल हो जाओ, तो दुनिया तुम्हें दोष देगी। लेकिन जब सफल हो जाओगे, तो वही लोग तालियां बजाएंगे। इसलिए सोच-समझकर ज़िंदगी जियो। खुद पर विश्वास रखो, क्योंकि "आप कुछ भी हासिल कर सकते हैं।" दुनिया क्या कहेगी, यह सोचकर कभी अपने आप को मत भूलो। अपने अंदर झाँको और खुद को समझो। कामयाबी हर कोई चाहता है, इसलिए अपने सपनों के लिए पागलपन की हद तक समर्पित हो जाओ। जान तो सबको प्यारी होती है, लेकिन जान को दांव पर लगाने वाले ही इतिहास रचते हैं। इश्क़ में डूबकर समय मत गँवाओ, वहाँ अक्सर धोखा ही मिलता है। आत्मा की सुनो, खुद को भीतर से बदलो। किस्मत पर भरोसा मत रखो, क्योंकि सफलता मेहनत से मिलती है। नसीब वाला समझकर मत बैठो—ज़िंदगी कभी भी धोखा दे

सकती है। वक्त के साथ बदल जाओ, ताकि वही वक्त तुम्हारी गवाही दे सके। जब तक तुम अपने आप को अपने लक्ष्य के लिए समर्पित नहीं करोगे, तब तक सफलता तुमसे दूर ही रहेगी। "यही सही वक्त है। जो करना है, दिल खोलकर कर लो। वक्त फिर लौटकर नहीं आएगा।

असाधारण बनने का राज: क्या तुमने कभी सोचा है कि जो भी तुम हर दिन करते हो, वह किस वजह से करते हो? क्या कभी अपने आप से यह सवाल किया है कि "मैं कौन हूँ और क्या चाहता हूँ?" इस दुनिया में लाखों लोग चाय बेचते हैं, लेकिन नरेंद्र मोदी ही प्रधानमंत्री क्यों बने? क्या भगवान ने उन्हें कोई विशेष शक्ति दी थी? नहीं। उन्होंने खुद की वैल्यू को पहचाना, संघर्ष किया, सीखा और निरंतर आगे बढ़ते रहे। लाखों लोग पेट्रोल पंप पर काम करते हैं, लेकिन धीरूभाई अंबानी ही अंबानी क्यों बने? क्योंकि उन्होंने मेहनत की, सोच से काम किया, और अपने भीतर की ऊर्जा को पहचाना। सफलता की एक ही कुंजी है—"बिना कुछ किए, कुछ नहीं मिलता।" यही फर्क बनाता है एक आम इंसान और असाधारण व्यक्तित्व में।

भीतर की शक्ति को जानो: आपमें जो शक्ति है, वह शायद आपको भी नहीं मालूम। आप हर रोज़ उस ताक़त का उपयोग करते हैं, लेकिन शायद ही कभी उसका संज्ञान लेते हो। अब सोचिए, दुनिया की सबसे शक्तिशाली चीज़ क्या है? ध्यान से सोचो—जो दिखाई नहीं देती, वही सबसे शक्तिशाली होती है। जैसे बिजली—हम उसे देख नहीं सकते, लेकिन उसका प्रभाव असीमित है। वैसे ही हमारे भीतर ऊर्जा है, जो अदृश्य है, परंतु असीम है। हम हर दिन उस ऊर्जा को व्यर्थ करते हैं। हम बहुत सी किताबें पढ़ते हैं, लेकिन उन्हें जीवन में उतारते नहीं। हम दुनिया की खूबसूरती को देखते हैं, पर अपनी आत्मा की सुंदरता को नहीं पहचानते। सच तो यह है कि—अगर आप खुद को जान लें, तो पूरी दुनिया को जानना आसान हो जाएगा।

भीतर की शक्ति का कमाल

जो कुछ भी इस संसार में दिखाई दे रहा है—उन्नति, विकास, आविष्कार, तकनीक, भवन, पुल, सड़कों से लेकर अंतरिक्ष तक की उड़ान—यह सब किसी और की नहीं, इंसान की ही देन है। हर एक वस्तु

जो आज हमारे चारों ओर है, वह पहले किसी के विचार में थी। किसी ने सोचा, उस पर विश्वास किया और फिर उसे साकार कर दिखाया। यही तो इंसान की शक्ति है—विचार को साकार करने की अद्भुत क्षमता। सोचिए, इंसान में कितनी अपार शक्ति है, कि मिट्टी से महल और लोहे से कुछ भी बना सकता है। जब एक सामान्य चाय बेचने वाला प्रधानमंत्री बन सकता है, और एक पेट्रोल पंप पर काम करने वाला व्यक्ति धीरूभाई अंबानी जैसा उद्योगपति बन सकता है, तो फिर आप क्यों नहीं? फर्क बस इतना है कि उन्होंने एक कदम आगे बढ़ाया, अपनी भीतर की ताकत को पहचाना, और अपनी वैल्यू को समझा। यही पहचान उन्हें शिखर तक ले गई।

सफलता का एक मंत्र; यह जीवन एक यात्रा नहीं, एक दौड़ है—एक ऐसी दौड़ जिसमें हर इंसान कहीं न कहीं भाग रहा है। कोई प्यार पाना चाहता है, कोई सितारा बनना चाहता है, कोई बड़ा व्यापारी, कोई लीडर, और कोई सिर्फ दो वक़्त की रोटी। हर किसी की मंज़िल अलग है, लेकिन कामयाबी पाने का मंत्र सबके लिए एक है— "अपनी आंखें मंज़िल पर टिकाओ और बस भागते जाओ उसकी ओर।" रास्ते में चाहे कितनी भी रुकावटें आएं, चाहे कोई कितना भी बोले "रुक जा", तब तक मत रुकना जब तक मंज़िल को पा न लो। मेहनत को अपनी आदत बना लो। फिर देखना, मंज़िल तुम्हें खुद ढूंढती हुई दौड़ी चली आएगी। तू कुछ भी कर सकता है; कभी दुनिया कहेगी—"तू ये नहीं कर सकता", कभी हालात चिल्लाएंगे—"हार मान ले", कभी भीतर की आवाज़ भी हौसला तोड़ने लगेगी। लेकिन याद रखो—"तेरी असली ताकत, तुझसे बेहतर कोई नहीं जानता।" इसलिए जब पूरी दुनिया तुम्हारे खिलाफ खड़ी हो, तब भी अपने भीतर की आवाज़ सुनो जो कहती है—"तू कर सकता है!" रुकना मत। चलते रहो। जब तू निरंतर प्रयास करता जाएगा, तब वक़्त भी तेरे हौसले को सलाम करेगा और तुझे वही देगा जिसकी तूने सच्चे दिल से चाह की है। क्योंकि "तेरे साहस के आगे नामुमकिन भी घुटने टेक देता है।" यही तो जीवन की सच्चाई है—"इस ज़िंदगी में जो नहीं लड़ा, वही सच में हारा।"

साहस की राह

चल बंदे तू, अपनी राह बना,
भीड़ की बातों में मत तू फँसना।
जो तू चाहे दिल से सच्चा,
उसको पाना ही तेरा रस्ता।

अंधेरी है आज की ये रात,
पर कल तेरा सूरज आएगा साथ।
हर दर्द में छुपा है उजियारा,
खुदा ने तुझसे किया है इशारा।
लोग कहेंगे — "तू नहीं कर पाएगा,"
हर मोड़ पे रोकेंगे, भटकाएगा।
पर तू बस मंज़िल पर नज़र जमाना,
कुछ दिन के लिए बहरे हो जाना।
जब तू पायेगा वो मुकाम,
तब देखेगा तुझको सारा जहां।
तेरी जीत ही तेरा जवाब बनेगी,
तेरी मेहनत ही तेरी किताब बनेगी।
राह में कांटे हैं तो क्या हुआ?
इन्हीं से तो फुलों का बाग़ सजा।
छाले हैं पाँव में तो ग़म न कर,
कल यही घाव जीत का मरहम कर।
रुकना नहीं, थकना नहीं,
कभी किसी के आगे झुकना नहीं।
ख़ुदा से तू रोज़ फरियाद कर,
पर हर दिन सच्ची मेहनत भी कर।
बिना कीचड़ के कमल नहीं खिलते,
बिना तपस्या के वरदान नहीं मिलते।

तू सिर्फ़ सपने मत देखा कर,
उन्हें हकीकत में बदलने की ज़िद रखा कर।
जो नहीं लड़ा, वो ही हारा,
जो न थमा, वही सितारा।
तू अपने अंदर की आग को पहचान,
तेरे जैसे ही बनते हैं महान।
ख़ुदा का तुझसे बस एक वादा है —
"तू दिल से मेहनत कर, तू मेहनत का फल पाएगा।"

12

खुद में बदलाव लाने के तरीके

"सफलता प्राप्त करने के लिए जबरदस्त सतत प्रयत्न और जबरदस्त इच्छा रखो। प्रयत्नशील व्यक्ति कहते हैं— *'मैं समुद्र पी जाऊँगा, मेरी इच्छा से पर्वत टुकड़े-टुकड़े हो जाएँगे।'* ऐसी शक्ति और इच्छा अपने भीतर जगाओ। कड़ा परिश्रम करो। तुम निश्चित ही अपने उद्देश्य को पा जाओगे।" इस संसार में कोई भी व्यक्ति बिना संघर्ष के, बिना स्वयं में बदलाव लाए, कभी सफल नहीं हो सकता। याद रखो—कुछ भी एकदम से नहीं बदलता। जीवन में बदलाव लाने की एक लंबी प्रक्रिया होती है, धैर्य और प्रयास की परीक्षा होती है।

एक किसान की सीख;

एक गाँव में एक किसान वर्षों से खेती कर रहा था। लेकिन उसके खेत से हमेशा कम अनाज निकलता था। हर साल उसे घाटा होता, उसकी ज़मीन बंजर होती जा रही थी। उसने कभी अपने खेत को ध्यान से नहीं देखा। वह सिर्फ दूसरों की अच्छी फसल देख सोच में पड़ जाता—*"मेरा भी खेत है, मैं भी मेहनत करता हूँ, फिर क्यों नहीं मिलती मुझे अच्छी फसल?"* ऐसे ही सोचते-सोचते कई वर्ष बीत गए। लेकिन उसकी हालत

जैसी की तैसी रही। फिर एक दिन, वह अपने खेत में यूँ ही घूम रहा था। उसने ध्यान से देखा—सारी मिट्टी बह चुकी थी, खेत में केवल पत्थर और कंकड़ रह गए थे। उसने ठान लिया, *"अब मैं अपने खेत को बदलकर रहूँगा, चाहे कितनी भी मेहनत क्यों न करनी पड़े।"* अगले ही दिन से उसने खेत के चारों ओर बाँध बनाए, मिट्टी को संजोया, लगातार मेहनत की। पाँच साल बीत गए... लेकिन किसान रुका नहीं। आज उसका खेत हरियाली से भर गया है, फसल सबसे उत्तम होती है। उसने खुद को बदला, सोच को बदला, जीवन बदल गया। किसान की मेहनत देख गाँव के दूसरे लोग भी प्रेरित हुए। यही जीवन का सत्य है— जब तक आप स्वयं को नहीं बदलेंगे, तब तक आपको वही मिलेगा, जो अब तक मिलता आया है।

आज के युग में अधिकांश लोग बस बदलती दुनिया को देखते रह जाते हैं। हर दिन कुछ नया घटता है, पर हम खुद को बदलना भूल जाते हैं। धीरे-धीरे आत्मविश्वास कमजोर पड़ने लगता है। हम अपने भीतर की शक्ति को खोने लगते हैं। परिस्थितियाँ बिगड़ने लगती हैं, और हम हार मानने लगते हैं। मैं चाहता हूँ कि आपके साथ ऐसा न हो। आप अपनी सोच को, दृष्टिकोण को, आदतों को बेहतर बनाकर एक अद्भुत जीवन जी सकें।

इस बदलते दौर में, *खुद को समय के साथ ढालना ही सफलता की कुंजी है।* इस संसार में तीन तरह के लोग होते हैं—

- जो समय के अनुसार नहीं बदलते — और पीछे रह जाते हैं।
- जो समय के साथ चलते हैं — और आगे बढ़ते हैं।
- जो समय को भी अपने अनुरूप बदल देते हैं — और इतिहास रचते हैं।

आप इनमें से कौन हैं? यह आप तय करेंगे। लेकिन मैं जानता हूँ—आपमें वो शक्ति है, जो आपको तीसरी श्रेणी में ले जा सकती है। आप आज जिस भी स्थिति में हैं—अमीर या गरीब, सफल या संघर्षरत यह सब आपकी सोच का परिणाम है। तो मैं आपसे एक सवाल पूछता हूँ, क्या

आप स्वयं को बदलने के लिए तैयार हैं? या यूँ ही जैसे हैं वैसे ही बने रहना चाहते हैं? अगर आपका उत्तर है— "हाँ, मैं बदलने के लिए तैयार हूँ!" तो आप सही मार्ग पर हैं।

याद रखें—*"बिन कीचड़ कमल नहीं खिलता, बिन मेहनत कुछ नहीं मिलता।* 'कांझन'—जापान का रहस्यजापान के विकास का एक रहस्य है—"Kaizen" (कांझन) इसका अर्थ है—हर दिन छोटे-छोटे सुधार।चाहे काम हो या व्यक्तित्व, हर दिन थोड़ा सा बेहतर बनने की कोशिश करें। यही छोटे बदलाव, धीरे-धीरे *महान परिवर्तन* में बदलते हैं।

अब समय है खुद को बदलने का; -

- अपने नकारात्मक विचारों को सकारात्मक बनाइये।
- अपने व्यवहार में बदलाव लाइये।
- जो पढ़ते, सुनते, देखते हैं उसे परखिये।
- अपनी संगत को संवारिये।
- बोलने का तरीका बदलिये।
- अपने दृष्टिकोण को सुधारिये।
- अपने सपनों को साफ कीजिए।
- सोच को विस्तृत बनाइये।
- ऊर्जा स्तर को बढ़ाइये।
- अपनी आदतें, उठना-बैठना, रहन-सहन निखारिये।
- कार्यशैली को आधुनिक बनाइये।
- स्मार्ट बनिए, समय का सदुपयोग कीजिए।
- जिम्मेदारियों से भागिए नहीं—उन्हें अपनाइये।
- वर्तमान में जीना सीखिए।
- अपनी "वैल्यू" को पहचानिये, और उसे बढ़ाइये।

13

जीवन के नियम

"जीवन उतार-चढ़ाव से भरा है — इसकी आदत बना लो।" यह जीवन सरल नहीं है, लेकिन अद्भुत अवश्य है। यहाँ हर मोड़ पर नया अनुभव है, हर दिन एक नई सीख। इस संसार में कोई भी व्यक्ति बिना मेहनत, बिना आत्म-परिवर्तन, और बिना संघर्ष के ऊँचाइयों को नहीं छू सकता। दुनिया तुम्हारे आत्म-सम्मान की परवाह नहीं करती जब तक तुम खुद को साबित नहीं कर देते। कॉलेज की पढ़ाई पूरी करते ही पाँच अंकों वाली पगार की अपेक्षा मत करो। एक रात में कोई 'वाइस प्रेसिडेंट' नहीं बनता। उसके पीछे वर्षों की कठोर साधना छिपी होती है। तुम्हारी हार तुम्हारी ही है। तुम्हारी गलती — तुम्हारी ही है। दोष दूसरों को मत दो। उस गलती से सीखो और दोबारा मत दोहराओ। तुम्हारे माता-पिता तुम्हारे जन्म से पहले नीरस या थके हुए नहीं थे। तुम्हारे पालन-पोषण में उन्होंने अपना सर्वस्व झोंक दिया — इसीलिए उनके चेहरे पर अब चिंता की रेखाएँ हैं। स्कूल की तरह यहाँ कोई सांत्वना पुरस्कार नहीं मिलता। यहाँ असफलता पर दूसरा मौका नहीं मिलता दुनिया परिणाम चाहती है। यहाँ कोई वार्षिक अवकाश नहीं होता। कोई शिक्षक नहीं होता जो हर समय मार्गदर्शन दे। जीवन के स्कूल में सब कुछ तुम्हें खुद ही सीखना पड़ता है। टीवी पर जो जीवन दिखता है, वह काल्पनिक होता है। असली जीवन में संघर्ष होता है, पसीना बहाना पड़ता है — और फिर जाकर सफलता मिलती है। आज जो मित्र पढ़ाई और मेहनत में लगे हैं, उन्हें कभी मत

चिढ़ाओ। समय बदलेगा और हो सकता है, कल को उन्हीं के अधीन तुम्हें काम करना पड़े।

आज से एक व्रत लें:

- मैं हर सुबह जल्दी उठूँगा।
- रोज़ नया कौशल सीखूँगा।
- प्रेरक और उपयोगी पुस्तकें पढ़ूँगा।
- अपने काम में रचनात्मकता लाऊँगा।
- अपने चरित्र को उज्ज्वल बनाऊँगा।
- सकारात्मक सोच के साथ आगे बढ़ूँगा।
- अच्छे लोगों के साथ रहूँगा।
- हर हाल में खुद को खुश रखूँगा।
- नकारात्मकता को खुद से दूर करूँगा।
- कभी खुद को कमजोर नहीं समझूँगा।
- असफलता से डरूँगा नहीं — उससे सीखूँगा।
- मैदान छोड़कर कभी नहीं भागूँगा।
- खुद को हर दिन बेहतर बनाऊँगा।
- खुद पर विश्वास रखूँगा।
- पूरे ब्रह्मांड के लिए प्रेम भाव रखूँगा।

"मुश्किलें आएँगी, लेकिन शिकायत मत करना — क्योंकि भगवान वही रोल देता है, जो सबसे कठिन होता है, सबसे बेहतरीन अभिनेता को!" अगर इंसान खुद को बदलने को तैयार हो जाए, तो उसे जिंदगी बदलने की ज़रूरत नहीं पड़ती, क्योंकि वह अपने आप बदलने लगती है। लेकिन दिक्कत यही है — हम जैसे हैं, वैसे ही बने रहना चाहते हैं। आदतों में बदलाव सबसे कठिन लगता है। मगर याद रखिए, "जो खुद को नहीं बदलता, वह कभी दुनिया को नहीं बदल सकता।" आपने जिन लोगों को ऊँचाइयों पर देखा है, वो सभी कभी साधारण थे। फर्क सिर्फ

इतना था कि उन्होंने खुद को बदल लिया। अब बारी आपकी है। अपनी ऊर्जा को बढ़ाइए। अपने आप को अपने क्षेत्र में 'पक्का खिलाड़ी' बनाइए। फिर देखिए, ये दुनिया आपको सलाम करती है।

आगे बढ़ने के लिए ज़रूरी परिवर्तन;

- अपनी आदतों को प्रभावशाली बनाएं।
- अपने सिद्धांत और चरित्र को निखारें।
- दुनिया के बदलते सिद्धांतों को समझें।
- अपने शरीर, मन, समाज और आत्मा — सभी का संतुलन बनाए रखें।
- भीड़ में खोए नहीं — अपने नियमों पर जिएँ।
- कोई भी कार्य करने से पहले उसका परिणाम सोचें।
- अपने लक्ष्य को स्पष्ट रूप से लिखें और उसके अनुसार कार्य करें।
- जल्दीबाज़ी से बचें, योजनाबद्ध ढंग से आगे बढ़ें।
- संबंधों में मधुरता लाएँ।
- सबको साथ लेकर चलने की आदत डालें।
- वादों को पूरा करें।
- दूसरों को समझने का प्रयास करें।
- दोष निकालने से बेहतर है — साथ में समाधान ढूँढना।
- खुद को रोज़ थोड़ा और बेहतर बनाएं।

"अच्छा सोचो, अच्छा बोलो और अच्छा करो — क्योंकि सब कुछ अंततः आपके पास ही लौटकर आता है।

14

आपकी जिम्मेदारियाँ

श्रद्धा;

यदि इस जीवन में स्वयं को बेहतर बनाना है, तो सबसे पहले स्वयं पर विश्वास रखना होगा। यदि आप भगवान में विश्वास रखते हैं, लेकिन स्वयं पर नहीं, तो जीवन में कभी सफल नहीं हो सकते। इसलिए अपने अंतर्मन पर श्रद्धा रखना अत्यंत आवश्यक है। ज़िंदगी को सरल और सुंदर बनाने के लिए अपने कार्य पर दृढ़ विश्वास रखें। कार्य को बोझ न समझें—उसे प्रसन्नता से करें। अपने काम को लेकर उत्साहित रहें। हर दिन उमंग और ऊर्जा के साथ कार्य पर जाएँ। अपने मन को शांत और विचारों को स्पष्ट रखें। जब भी कोई कार्य करें, तब "होगा या नहीं होगा" जैसी शंका में न पड़ें। पूर्ण विश्वास के साथ आगे बढ़ें। इस संसार की कठिनाइयों से घबराइए मत। जितनी अधिक कठिनाइयों का आप सामना करेंगे, उतने ही अधिक आप भीतर से मजबूत बनते जाएँगे। डर को अपने अंदर से पूरी तरह निकाल दीजिए, और जीवन को सकारात्मक विश्वास के साथ जीना शुरू कीजिए। आपकी श्रद्धा जितनी मजबूत होगी, सफलता उतनी ही शीघ्र आपके द्वार पर होगी।

कोशिश करते रहें;

यदि इस संसार में कोई कार्य आपको प्रिय है, तो उसे अवश्य कीजिए। जब आपको पूरी मेहनत के बाद भी सफलता न मिले, तब उस कार्य को और बेहतर ढंग से करने की आवश्यकता होती है। जैसा कि आपने सुना है—"कोशिश करने वालों की कभी हार नहीं होती।" इसलिए प्रयास तब तक करते रहें जब तक सफलता प्राप्त न हो जाए। जीवन में कई बार बड़े-बड़े संघर्ष आते हैं, और ऐसे क्षण आते हैं जब लगता है कि छोड़ देना ही बेहतर है। परंतु उसी समय आपको रुकना नहीं है। अपने कार्य को धीरे-धीरे ही सही, लेकिन निरंतर करते रहना है।

आप नहीं जानते, असफलता कितनी चालाक होती है। उसे सबसे अधिक आनंद तब आता है जब मनुष्य सफलता से मात्र एक कदम दूर होता है—और वहीं वह प्रयास करना छोड़ देता है। इसलिए आपको असफलता से अधिक समझदार बनना है। इस जीवन में तब तक संघर्ष करते रहें जब तक आप सफलता को प्राप्त न कर लें। यह जीवन संघर्षों से भरा है—और यही संघर्ष आपको मजबूत बनाएँगे। याद रखें, आप उस परमपिता की संतान हैं जिनके पास सब कुछ है। आप चाहे कितनी बार असफल हुए हों, आपके पास हमेशा एक नया भविष्य होता है। इसलिए कभी भी निराश, उदास या हताश मत होइए। इस संसार में वही महान कहलाता है—"जो हाथौड़े की मार खाकर भी एक सुंदर मूर्ति बनता है।" आपको भी उसी लायक बनना है, जैसा आप बनना चाहते हैं। सफलता आपको अवश्य मिलेगी, पर थककर कभी नहीं रुकना है। कोशिश करते रहिए, आपका उज्ज्वल भविष्य तैयार है।

आपकी जिम्मेदारियाँ;

आप भी भलीभांति जानते हैं कि इस संसार में कोई किसी की कद्र नहीं करना चाहता। अधिकंतर लोग एक-दूसरे की सहायता करने से कतराते हैं। जब तक आप स्वयं मेहनत नहीं करेंगे, तब तक आपको कुछ प्राप्त नहीं होगा। यहाँ हर कोई केवल अपनी जरूरतों की पूर्ति में लगा हुआ

है। इसलिए इस दौड़ में आपको सावधान रहना है—और अलग ढंग से दौड़ना है। इस जीवन में अपनी ज़िम्मेदारियाँ स्वयं उठानी होंगी। किसी पर निर्भर रहकर जीवन नहीं जिया जा सकता। आप जो कुछ सोचते हैं, करते हैं, अनुभव करते हैं—उसके ज़िम्मेदार आप स्वयं हैं। आप बीमार हों, दुखी हों, प्रसन्न हों, नाराज़ हों, निराश हों या आनंदित—हर स्थिति के लिए आप स्वयं ज़िम्मेदार हैं। आपका जीवन आपकी ही ज़िम्मेदारी है।

आपकी इच्छाएँ;

इस जीवन में आप अनेक प्रकार की इच्छाएँ बनाते हैं—कुछ पूरी होती हैं, कुछ नहीं। लेकिन हर इच्छा के लिए ज़िम्मेदार आप स्वयं हैं। आपकी इच्छा का दायित्व किसी और पर नहीं डाला जा सकता। आप अभी जहाँ हैं, जैसा अनुभव कर रहे हैं—यह सब आपकी ही इच्छाओं का परिणाम है। इसलिए हर इच्छा को सोच-समझकर प्रकट कीजिए। क्योंकि आपके विचार ही आपको सफल बनाते हैं, या तकलीफ़ पहुँचाते हैं। इसलिए जो कुछ भी सोचें, पूरी जागरूकता और ज़िम्मेदारी के साथ सोचें। आपके जीवन के निर्माता आप स्वयं हैं।

आपका काम;

आप किसी भी क्षेत्र में कार्यरत हों—यदि आप विद्यार्थी हैं, तो आपकी ज़िम्मेदारी श्रेष्ठ ज्ञान प्राप्त करना है। आप पास हों या असफल—उसकी ज़िम्मेदारी भी आपकी अपनी होती है। आप जिस भी कार्य में लगे हैं, और उसे जैसे करते हैं—आपकी सफलता उसी पर निर्भर करती है। आपका काम उच्च गुणवत्ता वाला होना चाहिए—यह आपकी ज़िम्मेदारी है। अब आप जान चुके हैं—सफल और असफल व्यक्ति में क्या अंतर होता है। असफल लोग कार्य को टालते हैं, लापरवाही से करते हैं, और ज़िम्मेदारी से बचते हैं। जबकि सफल लोग कार्य को निष्ठा और सटीकता से करते हैं—और अपेक्षा से अधिक करते हैं। यही गुण उन्हें सफल बनाता है।

इसलिए चाहे आप किसी भी क्षेत्र में हों—अपने कार्य की पूरी जिम्मेदारी लीजिए। जीवन में सफलता उसी को मिलती है जो अपने काम को सही ढंग से करना जानता है।

आपका व्यक्तित्व;

इस जीवन में आपका व्यक्तित्व यह निर्धारित करता है कि आपका चरित्र कैसा है। यदि आपका व्यक्तित्व अच्छा है, तो उसे और निखारिए, और यदि उसमें कुछ खामियाँ हैं, तो कृपया जिम्मेदारी लेते हुए उसमें सुधार कीजिए। क्योंकि आपका व्यक्तित्व कैसा है, इसकी पूरी ज़िम्मेदारी भी आपकी ही है। आप जहाँ भी जाते हैं, वहाँ लोग आपके व्यक्तित्व को अवश्य ही महसूस करते हैं। इसलिए अपने भीतर महान चरित्र का निर्माण कीजिए, और जीवन का आनंद अच्छे व्यक्तित्व के साथ लेना सीखिए।

"मैं क्यों सोचूं कि लोग मेरे बारे में क्या सोचते हैं,
अगर यह काम भी मुझे ही करना है, तो फिर लोग क्या करेंगे?"

अक्सर हम जीवन का बहुत बड़ा हिस्सा इस सोच में गुजार देते हैं कि लोग हमारे बारे में क्या सोचते हैं। अगर हमें पता चलता है कि लोग अच्छा सोचते हैं तो हम खुश हो जाते हैं, और अगर बुरा सोचते हैं तो दुखी हो जाते हैं। लेकिन सच्चाई यह है कि आज के समय में बहुत कम लोग वास्तव में दूसरों के बारे में सोचते हैं। जब आप कोई काम शुरू करते हैं, तो पहले ही यह सोचने लगते हैं कि *घर वाले क्या कहेंगे, दोस्त क्या कहेंगे, रिश्तेदार क्या सोचेंगे?* और इसी सोच में कई काम शुरू होने से पहले ही समाप्त हो जाते हैं। मैं यह नहीं कहता कि बिना सोचे कोई भी कार्य करें, लेकिन सोच इस बात की होनी चाहिए कि क्या वह कार्य सही है, उसका परिणाम क्या होगा – न कि लोग क्या कहेंगे। अगर आप किसी भी काम को तब करने की सोचेंगे जब वह सबको अच्छा लगे, तो फिर आप उस काम को कभी कर ही नहीं पाएंगे। यहाँ तक कि अगर आप कोई अच्छा काम भी शुरू करें, तो सबसे पहले विरोध आपके ही घर से होगा। यह आज की सच्चाई है कि बहुत से लोग केवल दूसरों को

पीछे खींचने में ही व्यस्त रहते हैं। इसलिए किसी भी कार्य को करने से पहले यह सोचिए कि – क्या यह कार्य उचित है? क्या इससे किसी का नुकसान तो नहीं होगा? क्या यह मेरे जीवन के लिए उपयोगी है? अगर उत्तर सकारात्मक हैं, तो पूरे विश्वास के साथ कार्य शुरू कर दीजिए। जब आप सफल होंगे, तब वे लोग भी साथ खड़े होंगे जो कभी आपके विरोध में थे।

"कामयाब लोग अपने फैसले से दुनिया बदल देते हैं,
नाकामयाब लोग दुनिया के डर से अपने फैसले बदल लेते हैं।"

आपका स्वभाव;

आपका स्वभाव यह दर्शाता है कि आप स्वयं के साथ और इस दुनिया के साथ कैसा संबंध रखते हैं। आप खुद से कैसी बातें करते हैं, दूसरों के बारे में क्या सोचते हैं, यह सब आपके स्वभाव को दर्शाता है – और इसकी ज़िम्मेदारी भी आपकी ही है। हर पल में आप अपने भविष्य का निर्माण करते हैं। इसलिए सकारात्मक दृष्टिकोण से जीवन जीना आवश्यक है। जब आप सकारात्मक सोच के साथ आगे बढ़ते हैं, तो उसका प्रभाव आपके पूरे जीवन पर पड़ता है। आपका स्वभाव ही आपके मूल व्यक्तित्व को उजागर करता है। यदि आपका स्वभाव अच्छा है, तो उसे और प्रभावशाली बनाइए, और यदि उसमें कुछ खामियाँ हैं, तो उन्हें सुधारने की जिम्मेदारी स्वयं लीजिए। जितना आप अपने अंतर्मन से शांत, प्रसन्न और प्रकृति से जुड़े रहेंगे, उतना ही आपका स्वभाव सरल, सहज और सुंदर बनेगा। इसलिए सदा सकारात्मक रहिए और अच्छे जीवन की ओर बढ़िए।

आपकी आदतें;

"अपनी आदतें बदलकर आप अपना जीवन बदल सकते हैं।" जीवन में सफल होने के लिए सही आदतों का होना बेहद ज़रूरी है। एक भी बुरी आदत आपको सफलता से दूर कर सकती है। आपकी आदतें कैसी हैं

– अच्छी या बुरी – इसकी ज़िम्मेदारी पूरी तरह आपकी ही है। ध्यान रखिए, आपकी हर दिन की आदतें ही आपकी ज़िंदगी का स्वरूप तय करती हैं। इसलिए खुद की ओर नज़र डालिए और अपनी आदतों का निरीक्षण कीजिए।

- आपका व्यवहार
- आपकी संगति
- आपकी सेहत के प्रति दृष्टिकोण
- आपका व्यक्तित्व
- काम को लेकर आपकी भावना
- आपके विचार
- आपका विश्वास
- देखने-सुनने का नजरिया
- बोलने का तरीका
- अंतर्मन की गहराइयाँ
- आपका दृष्टिकोण
- आपकी भावनाएँ
- भजन/ध्यान के प्रति लगाव
- आपके सपनों के प्रति लगन

इन सभी क्षेत्रों में आपकी आदतें कैसी हैं, यह समझिए और विश्लेषण कीजिए कि कहाँ सुधार की आवश्यकता है। जीवन में कोई और आपकी आदतें नहीं बदल सकता – यह कार्य सिर्फ आप ही कर सकते हैं। जब आप अपनी आदतें अपने सपनों के अनुरूप और महान लोगों की तरह बनाते हैं, तो जीवन सरल, सार्थक और सफल बनता है। अच्छी आदतें ही एक श्रेष्ठ जीवन का आधार बनती हैं। अब बस एक बात याद रखिए – *अगर आप चाहते हैं कि आपका जीवन बेहतरीन बने, तो कृपया अपनी आदतों की ज़िम्मेदारी आज से ही लेना शुरू कीजिए।*

आपका विकास;

इस बदलते समय में स्वयं का विकास करना अत्यंत आवश्यक है। आज के दौर में जो व्यक्ति समय के महत्व को समझता है, वही समय के साथ स्वयं में बदलाव लाकर एक उत्कृष्ट जीवन जीता है। किसी महान व्यक्ति ने कहा है—"जो इंसान समय के अनुरूप खुद को बदलता है, वह जीवन में अत्यंत सफल होता है।" मैं भी यही कहना चाहता हूँ कि *"हमारे पास समय कम है, और करना बहुत कुछ है।"* इसलिए वही कार्य कीजिए जो आपके जीवन के लिए सबसे अधिक आवश्यक और सार्थक हो। इस संसार में हर दिन कुछ न कुछ परिवर्तन हो रहा है। ऐसे में उन परिवर्तनों के अनुरूप स्वयं को ढालना और ज़रूरी कौशलों को सीखते रहना बेहद ज़रूरी है। जितना अधिक आप खुद पर काम करेंगे, उतनी ही जल्दी आप अपने विचारों पर नियंत्रण प्राप्त कर सकेंगे। आपकी अपनी *वैल्यू* बढ़ेगी, और आप अपने *सपनों के योग्य* बन सकेंगे।

हर दिन कुछ नया सीखना और उसे जीवन में लागू करना विकास की दिशा में एक बड़ा कदम है। यदि आप जीवन से बहुत कुछ प्राप्त करना चाहते हैं, तो बदले में बहुत कुछ अच्छे ढंग से करना भी सीखना पड़ेगा। इस जीवन में जो भी कुछ प्राप्त करना है, उसके लिए कीमत चुकानी होगी — समर्पण की, अनुशासन की, समय की। तभी आपको वह मिलेगा, जिसकी आपको सच्चे अर्थों में चाह है। इस तेज़ी से बदलते दौर में, स्वयं को समय देना और अपने मस्तिष्क को समझना अत्यंत आवश्यक है। भले ही परिवर्तन धीरे-धीरे हो, पर भीतर विकास की लौ निरंतर जलती रहनी चाहिए।

अपनी ख़ुशी;

जीवन में खुश रहना न केवल आत्मा की, बल्कि मस्तिष्क की भी एक गहन आवश्यकता है। जब हम खुश रहते हैं, तो हर कार्य में उत्साह और रचनात्मकता स्वतः आ जाती है। शायद आपने भी कभी अनुभव किया होगा कि जब मन प्रसन्न होता है, तो कठिन से कठिन कार्य भी सरल

प्रतीत होते हैं। आज की दुनिया में खुश रहना हर किसी को नहीं आता। लोग अक्सर सोचते हैं कि कुछ *मिलेगा* या *सपनों को पा लेंगे*, तभी खुश होंगे। अधिकतर लोग *ख़ुशी को मंज़िल* मानते हैं, और उस दौड़ में अपनी सेहत तक खो बैठते हैं। वे भूल जाते हैं कि असली ख़ुशी किसी लक्ष्य के बाद नहीं, बल्कि रास्ते में, हर पल में छिपी होती है। आपका जीवन जैसा भी है, परिस्थितियाँ जैसी भी हैं — पहले उन्हें स्वीकार कीजिए। स्वयं को प्रकृति से जोड़िए और भीतर से एक सहज, सुंदर, मस्त जीवन जीने का प्रयास कीजिए।

"अगर आप हर पल ख़ुशी के साथ जीवन जीते हैं, तो आप इस संसार के सबसे अमीर इंसान हैं।" जितना अधिक आप खुश रहेंगे, उतना ही अधिक सेहतमंद और मानसिक रूप से मजबूत बनेंगे। जब आप भीतर से संतुष्ट होते हैं, तो आपका मस्तिष्क बेहतर ढंग से कार्य करता है, और आप स्वयं के सर्वोत्तम रूप में विकसित होते हैं। यदि आप जीवन में खुश नहीं रहते, तो आप स्वयं के लिए ही एक नुकसान का कारण बन जाते हैं। असंतोष आपके भीतर की ऊर्जा को धीरे-धीरे क्षीण कर देता है, और जीवन में निराशा भरने लगती है। इसलिए खुश रहना भी एक ज़िम्मेदारी है – और यह ज़िम्मेदारी केवल आपकी अपनी है। कृपया स्वयं को दुखी कर अपनी शक्तियों को नष्ट न करें। खुशी के लिए पैसे नहीं लगते — केवल सही दृष्टिकोण और स्वीकृति की आवश्यकता होती है। "इसलिए जितना हो सके, हर पल में खुश रहना सीखिए। यही जीवन की सबसे बड़ी संपत्ति है।"

15

अपने विकास की दिशा में

१५ से २४ साल की उम्र इंसान के जीवन का सबसे महत्वपूर्ण पड़ाव होता है। अगर इस उम्र में इंसान अस्थायी भावनाओं पर काबू प्राप्त कर लेता है और *लक्ष्य, ब्रह्मचर्य, अध्ययन, मनन* और अधिक से अधिक *ज्ञान प्राप्ति* को अपनी प्राथमिक सूची में सबसे ऊपर रखता है, तो उसकी सफलता निश्चित है।

सफलता इन ६ चीज़ों की मांग करती है:

- हद से ज़्यादा मेहनत
- बुरी आदतों का त्याग
- संघर्ष करने की हिम्मत
- अपने काम पर विश्वास
- धैर्य रखने की क्षमता
- अपने काम के प्रति जुनून

अब ज़रा खुद को चेक कीजिए, कहीं आपकी सफलता के रास्ते में ये बातें बाधा तो नहीं बन रहीं:

- क्रोध
- ज़्यादा नींद
- आलस्य
- लालच
- नकारात्मक विचार
- समय की बर्बाद
- काम में देरी

"जीवन में अच्छे कर्म करने के बावजूद भी कुछ लोग केवल आपकी बुराइयाँ और कमियाँ ही याद रखते हैं। इसलिए लोग क्या कहते हैं, इस पर ध्यान मत दो। तुम अपना काम करते रहो।" जीवन में ऐसा कई लोगों के साथ हुआ है, शायद आपके साथ भी। इसलिए अपने लक्ष्य को सामने रखते हुए एकाग्रता के साथ आगे बढ़ना है। हमेशा अपनी आत्मा की आवाज़ सुनने की कोशिश करें – इससे बहुत सहायता मिलेगी। शांत रहना सीखें। "जीवन में साथ मिले तो ले लो, नहीं मिले तो ग़म किस बात का।"

छोटे-छोटे जीवन नियम:

- परेशानी आए तो ईमानदार रहें
- धन आ जाए तो सरल बनें
- अधिकार मिलें तो विनम्र बनें
- क्रोध आए तो शांत रहें
- घमंड न करें
- दूसरों की निंदा न करें

- प्रेम में भेदभाव न रखें
- ज़रूरतमंद की सहायता करें
- अच्छा बोलें
- जीवन में लेने वाले नहीं, देने वाले बनें
- अकेले हों तो विचारों पर नियंत्रण रखें
- दोस्तों में हों तो जीभ पर नियंत्रण
- गुस्से में हों तो फैसलों पर नियंत्रण
- ग्रुप में हों तो व्यवहार पर ध्यान दें
- तारीफ़ मिले तो घमंड पर नियंत्रण
- आलोचना मिले तो भावनाओं पर नियंत्रण रखें

जो कुछ चाहिए, उसके लिए ये करो:

- संपत्ति — अपने क्षेत्र में एक्सपर्ट बनो
- ज्ञान — किताबें पढ
- शांति — प्रकृति में घूमो
- स्किल्स — स्मार्ट वर्क करो
- स्वस्थ शरीर — व्यायाम करो
- अच्छा जीवन — मेहनत करो
- प्यार — खुद प्यार बन जाओ

"आपको जो चाहिए उसकी कीमत चुकानी पड़ेगी। ज़िंदगी है जनाब, यहाँ कोई किसी का नहीं। जो कुछ करना है, खुद को ही करना पड़ेगा।" अक्सर लोग बिना कीमत चुकाए चीज़ों को पाना चाहते हैं, इसलिए जीवन को सही से समझ नहीं पाते। सही क़ीमत न चुका पाने के कारण जीवन अंधेरे और दुःख में बीतता है। याद रखें – मुफ़्त में कुछ नहीं मिलता।

एक क्रिएटिव इंसान बनो:

- उठो – जल्दी
- बोलो – आराम से
- खाओ – तमीज़ से
- सोचो – क्रिएटिव ढंग से
- काम करो – शांति से
- कमाओ – ईमानदारी से
- बचाओ – लगातार
- खर्च करो – समझदारी से
- पहनो – अच्छा
- साँस लो – लंबी
- जियो – खुशी से
- सोओ – जल्दी
- आगे बढ़ो – माइंडसेट के साथ
- समय का – सही इस्तेमाल करो
- विचार – सकारात्मक रखो
- आदतें – सफल व्यक्ति जैसी बनाओ
- जीवन में – लक्ष्य तय करो
- सोच – हमेशा बड़ी रखो
- ज्ञान – बढ़ाते रहो

ये काम करना छोड़ दो:

- झूठ बोलना
- अपमान को बर्दाश्त करना
- हर किसी को 'हाँ' कहना

- 'ना' कहना सीखो
- तुरंत जवाब देना छोड़ दो
- हर वक्त उपलब्ध मत रहो
- अपने काम में व्यस्त रहो

ज़िंदगी ऐसे बदले:

- कम बोलो
- सबसे ज़्यादा मेहनत करो
- सबकी इज़्ज़त करो
- समय से काम पूरा करो
- वादा निभाओ
- लोगों की मदद करो
- अपने सपनों पर फ़ोकस करो

आज से ही सीरियस हो जाओ:

- अपने भविष्य के लिए
- अपने लक्ष्य के लिए
- अपने परिवार के लिए
- अपनी सेहत के लिए
- अपने सपनों के लिए

बेहतर व्यक्तित्व के लिए:

- अपनी भावनाओं पर नियंत्रण रखें
- एक्टिव रहने की आदत डालें
- सपनों का पीछा करें — सफलता आपका पीछा करेगी
- व्यावहारिक बनें — जीवन आसान होगा
- व्यर्थ रिश्तों से बचें और अपने करियर पर ध्यान दें
- सेल्फ-हेल्प की किताबें अवश्य पढ़ें

जीवन में बदलाव लाएँ इन तरीकों से:

- साहसी और निडर बनो — अगर नहीं हो तो बनने का अभिनय करो
- किसी और की ज़िंदगी मत जियो
- मुश्किल समय में दोस्तों और रिश्तेदारों का साथ दो
- खाने की तारीफ करना न भूलो
- हाथ मिलाओ तो मजबूती से मिलाओ
- दूसरों के जीवन की तुलना से दूर रहो
- बुरी परिस्थितियों को अवसर में बदलो
- सफल और आनंदित लोगों से जुड़ो
- अच्छे विचार सुनो
- सफल व्यक्तियों को फॉलो करो
- कुछ अलग करो
- डायरी लिखो
- आलस्य छोड़ो
- "अब" और "आज" की आदत डालो
- महान लोगों की आदतें अपनाओ
- जानबूझकर अच्छी आदतें डालो
- जो करना है, अभी करो
- लोगों के सामने जाने की आदत डालो
- हमेशा श्रेष्ठ करने की सोच रखो

- सफलता का माइंडसेट अपनाओ
- खुद को पावरफुल बनाओ – "मैं करूँगा, और बेहतरीन करूँगा"
- ज़िम्मेदारी लो
- सेहत सुधारो
- विचारों की जिम्मेदारी लो
- खुद को जांचो – क्या कर रहे हो
- ध्यान करो
- आत्म-खोज शुरू करो
- जो भी करो, कमाल का करो
- अपनी ताकत को पहचानो
- मुश्किलों से प्रेम करो
- जीवन से खेलो
- अपने काम का आनंद लो
- हर पल बेस्ट करो
- हर दिन बोलो – "मुझे कुछ नया और अच्छा करना है"
- 200% एकाग्रता के साथ काम करो

"सीखना बंद, तो जीतना बंद खेलना बंद, तो जीतना बंद।"

अंदर से जागो – बुद्धिमानी नहीं, चेतना चाहिए "बुद्धि ही सबकुछ मत मानो — *'मन'* को भी समझो। बुद्धि के बजाय *मन की शक्तियाँ* पहचानो। बुद्धिमान मत बनो — *क्रिएटिव बनो।*" कभी-कभी अधिक सोच-विचार व्यक्ति को जकड़ लेता है। जबकि रचनात्मकता और कल्पना जीवन में रंग भरती है। इसलिए निर्णय लेते समय केवल *तर्क* नहीं, *संवेदना और अंतरात्मा* की आवाज़ भी सुनें। अब यही करो — यही समय है!

- अच्छी किताबें पढ़ना शुरू करो – क्योंकि किताबें *आपका व्यक्तित्व बदल सकती हैं।*
- एक स्पष्ट लक्ष्य तय करो – गोल इतना क्लियर होना चाहिए कि हर *सुबह आंख खोलते ही याद आए।*

- हर दिन अभ्यास करो – अपने क्षेत्र में *मास्टर बनने के लिए* निरंतर अभ्यास ही मंत्र है।
- अपने आप से हर परिस्थिति को संभालना सीखो – *आत्मनिर्भर बनो, परिस्थितियों को दोष मत दो।*
- अच्छी चीज़ों पर एकाग्र रहो – फ़ोकस बदलते ही जीवन बदलता है।
- दिमाग को शांत रखो – शांत दिमाग ही सबसे शक्तिशाली होता है।
- अपने विचारों पर मास्टरी करो – विचार बदलोगे तो ज़िंदगी बदल जाएगी।
- तूफ़ान से डरना नहीं – अगर रुक गए तो वहीं के वहीं रह जाओगे।
- पढ़ने की आदत डालो – ये आदत हर *दरवाज़ा खोल देती है।*
- ज़रूरी स्किल्स सीखो – हर युग की माँग अलग होती है।
- अपने ज्ञान को लगातार बढ़ाते रहो – *ज्ञान ही आत्मबल है।*
- दूसरों की प्रशंसा करना सीखो – यह भी एक *महानता* है।
- मुश्किल रास्ता चुनो – *सफलता वहीं मिलती है* जहाँ लोग जाने से डरते हैं।
- जो सीख रहे हो, उसे दोहराओ – *दोहराना = आत्मसात करना।*
- अच्छा रिज़ल्ट चाहिए? तो उसी स्तर की मेहनत करो
- अपने हिसाब से ज़िंदगी जीना सीखो – *किसी और की ज़िंदगी की नकल मत बनो।*
- अपनी ऊर्जा ऊँची रखो – *कमज़ोर ऊर्जा = कमज़ोर व्यक्तित्व*
- अपने भीतर एक धधकती हुई आग रखो – *जिसमें सपना जलता रहे, तपता रहे।*
- उम्मीद के साथ आगे बढ़ो – *क्योंकि उम्मीद ही प्रेरणा है।*
- सीखने की उम्मीद कभी न छोड़ो – सीखना *जिंदा रहने का प्रमाण है।*
- अपने ऊपर विश्वास रखो – *अगर तुम नहीं करोगे, तो कौन करेगा?*

धमाकेदार जीवन सूत्र;
> *"जियो या मरो — जो भी करो, कमाल का करो।*
> *जहाँ भी जाओ — धमाल करो।"*

इस मंत्र को हर सुबह अपने दिल में उतार लो। यह कोई सिर्फ़ कविता नहीं है, ये *जागृति का नारा है*। या तो जीवन को भरपूर जियो, या फिर ऐसा कुछ कर जाओ जो दुनिया याद रखे।

16

जीवन में इसे फलों करें

श्रेष्ठ जीवन का मूलमंत्र है – श्रेष्ठ कर्म। जीवन को सार्थक बनाना है तो हर दिन को एक नए अवसर की तरह जिएं। हर पल में खुद को बेहतर बनाने का प्रयास करें। यहाँ कुछ ऐसे जीवनमूल्य हैं, जिन्हें अपनाकर आप न सिर्फ खुद को बल्कि अपने आस-पास की दुनिया को भी बदल सकते हैं।

मानवता और नैतिकता के पथ पर

- अच्छे कर्म करें – सदैव सत्य, करुणा और सेवा की भावना से।
- कभी किसी का बुरा न करें – न विचारों में, न कर्मों में।
- चोरी, छल-कपट से दूर रहें।
- जरूरतमंदों को देना सीखें – धन, समय, प्रेम या सहानुभूति।
- भूखे के प्रति संवेदनशील बनें – सिर्फ भोजन नहीं, सम्मान भी दें।
- माता-पिता का आदर करना अपना प्रथम कर्तव्य समझें।
- लाचार, गरीब या कमज़ोर पर कभी क्रोध न करें – उनकी सहायता करें।

- किसी के बुरे समय में दुआओं की ताक़त बनें।
- सबके प्रति ईमानदार रहें।
- जन्नत सिर्फ अपने लिए नहीं, सबके लिए माँगें।

प्रेरणा और आत्म-विकास के सूत्र

- मेहनत को अंतिम साँस तक अपना धर्म बनाएं।
- अपना नज़रिया बदलिए – वही आपकी दुनिया बदल देगा।
- स्त्रियों का सदैव सम्मान करें – यह आपकी आत्मा की ऊँचाई दर्शाता है।
- बड़ों का आदर करें, प्रणाम करना विनम्रता का प्रतीक है।
- चिंता छोड़िए, मस्त रहिए – जीवन चलायमान है।
- रोज़ सुबह जल्दी उठिए – दिनभर की ऊर्जा वहीं से शुरू होती है।
- ईश्वर और उसके देने वाले हर हाथ का शुक्रिया अदा कीजिए।
- टहलना, प्रकृति से जुड़ना – तन और मन दोनों के लिए ज़रूरी है।
- प्रभु में विश्वास रखें – वही आपके मार्गदर्शक हैं।
- समय की क़दर करें – वही सबसे मूल्यवान संपत्ति है।
- क्षमा करना सीखें – यह सबसे बड़ा बल है।

सोच और सफलता का सूत्र

- खुद पर और ईश्वर पर सबसे ज़्यादा यक़ीन रखें।
- जहां जाएं, वहाँ अपनी छाप छोड़ें – अपने गुणों से।
- किसी की निंदा न करें – यह आपकी ऊर्जा का ह्रास है।
- वहाँ जाने का साहस रखें, जहां आज तक कोई नहीं गया।
- निरंतर सुधार करते रहें – यही आत्म-विकास की कुंजी है।

- अलग परिणाम चाहिए तो हर काम अलग तरीके से करें।
- आशावादी बनें – सकारात्मक दृष्टिकोण सफलता का मूल है।
- अपने विचारों में सच्चाई और जीवन में ईमानदारी रखें।
- मजबूत बनें – मन की शांति को कोई भंग न कर सके।
- इतने विशाल बनें कि छोटी बातें आपको प्रभावित न कर सकें।

बुद्धि, आत्मा और दिनचर्या

- वर्तमान में जीना सीखें – यही जीवन का वास्तविक पल है।
- आज का काम कल पर न टालें – समय सब कुछ है।
- ज्ञान प्राप्त करते रहें – रोज़ कुछ नया सीखें।
- अच्छे विचारों से दिन की शुरुआत करें।
- किताबें पढ़ने की आदत डालें – यही सच्ची पूंजी है।
- संयम, अनुशासन और स्वाभिमान को जीवन का हिस्सा बनाएं।
- सुनना और समझना – यही सच्चे ज्ञान की शुरुआत है।
- आभार और नम्रता – ये गुण हर संबंध को सुंदर बनाते हैं।

गुण जो जीवन को मूल्यवान बनाते हैं

- मुस्कान – हमारे चेहरे की क़ीमत बढ़ाती है।
- प्रेम – हमारे हृदय की गरिमा बढ़ाता है।
- सच्चाई – हमारे विचारों को शुद्ध करता है।
- आदर – हमारे संस्कारों को दर्शाता है।
- ईमानदारी – हमारे व्यवहार को निखारती है।
- मधुरता – हमारी वाणी को प्रभावशाली बनाती है।
- ज्ञान – हमारे दृष्टिकोण को विस्तृत करता है।

- संयम – हमारे चरित्र की मजबूती है।
- मित्र और परिवार – हमारे जीवन की असली पूंजी हैं।

श्रेष्ठ जीवन की झलक

"हमेशा अच्छे गुणों को धारण करें, क्योंकि यही आपको असली सुंदरता प्रदान करते हैं।"

- मस्तक में भाग्य की रेखा चमके,
- नयनों में पवित्रता की झलक हो,
- होठों पर मुस्कान हो,
- वाणी में मधुरता हो,
- कर्म में संतुष्टि हो,
- व्यवहार में नम्रता हो,
- जीवन में सम्पन्नता हो,
- चाल में धैर्यता हो,
- चरित्र में महानता हो,
- विचारों में शुद्धता हो,
- बुद्धि में दिव्यता हो,
- स्वभाव में सरलता हो,
- हृदय में विशालता हो,
- और भावना में आत्मिक प्रेम हो।

यह सब कुछ हमारे भीतर है — केवल जागने की देरी है। अपने भीतर के प्रकाश को पहचानो, और जीवन को सार्थक बनाओ।

17

अपने दिमागी तौर पर मजबूत बनिए

जब इंसान मानसिक रूप से मजबूत होता है, तब वह अपने जीवन को व्यर्थ नहीं जाने देता। वह दूसरों से अलग ढंग से, परिपक्वता और समझदारी के साथ जीवन जीता है। ऐसा व्यक्ति हर परिस्थिति में स्थिर रहता है, सही फैसले लेता है, कठिनाइयों से नहीं डरता, और आत्मविश्वास एवं उत्साह के साथ आगे बढ़ता है। वह दूसरों की बातों में नहीं आता, बल्कि अपने मूल्यों और सिद्धांतों पर टिके रहकर अपनी राह स्वयं बनाता है। हार को वह रुकावट नहीं, बल्कि सफलता की सीढ़ी मानता है। वह भविष्य की चिंता में घुलने के बजाय अपने वर्तमान और जुनून पर ध्यान देता है।

दिमागी मजबूती के सूत्र:

- अपने और दूसरों के प्रति सम्मान रखें।
- व्यर्थ के डिस्ट्रैक्शन से बचें, ध्यान सबसे बड़ी संपत्ति है।
- ज़रूरी चीज़ों पर फोकस करें, प्राथमिकताएं तय करें।
- खुद को समय-समय पर चुनौती दें।

- भावनाओं और सोच पर नियंत्रण रखें।
- अच्छे विचारों को अपनाएं, स्वस्थ जीवन पाएँ।
- अपने जीवन में शक्ति, शांति और ज्ञान पाने की आशा रखें।
- जैसा सोचेंगे, वैसा बनेंगे — सोच को ऊँचा बनाएं।
- अपने लक्ष्य को लेकर सकारात्मक विचार रखें और उन पर काम करें।
- समय और ऊर्जा को फालतू चीजों में बर्बाद न करें।
- सुनें सबकी, पर करें अपने दिल की।
- नई सोच, बदलाव और प्रयोग को स्वीकारें।

अंदरूनी शक्ति विकसित करने के उपाय:

- अपनी गलतियों की जिम्मेदारी लें और उनसे सीखें।
- दुःख देने वालों से दूरी बनाएं, कुछ समय अकेले बिताएं।
- खुद के अनुसार जीवन जीना सीखें।
- खुद को इतना मजबूत बनाएं कि कोई भी तूफान आपको हिला न सके।
- कभी भी हार न मानें, हताश न हों।
- जब तक मानसिक रूप से मजबूत नहीं बनते, तब तक जीवन को सही से नहीं जिया जा सकता।

व्यवहारिक सुझाव:

- क्रिएटिव बनें और दिमाग को फ्रेश रखें।
- खुश रहने की आदत डालें।
- खुद को हर दिन बेहतर बनाने का प्रयास करें।

- व्यक्तित्व को आकर्षक बनाएं।
- लोगों से संवाद करें, आत्मविश्वास बढ़ाएं।
- दिल, दिमाग और कर्म — तीनों को सुधारें।
- चिंता छोड़ें, समय से पहले आराम करें।
- सोचने का तरीका सकारात्मक करें।
- जिम्मेदारी स्वीकारें, हल खोजें, हार न मानें।
- समाज कुछ भी कहे, आप अपना सर्वश्रेष्ठ दें।

जीवन जीने की दिशा:

- नियमों को तोड़ने से मत डरें, बदलाव जरूरी है।
- अच्छे संगति में रहें और लक्ष्य के प्रति वफादार रहें।
- किताबें पढ़ने की आदत डालें।
- हार से न डरें, लालच और ईर्ष्या से दूर रहें।
- किसी से अपेक्षा न रखें, खुद पर काम करें।
- मानसिक और शारीरिक रूप से खुद को शक्तिशाली बनाएं।
- अपनी आत्म-छवि (Self-Image) बेहतर बनाएं — अच्छा पहनें, मदद करें।
- लगातार काम करें, आगे बढ़ते रहें।

जब आप दिमागी तौर पर मजबूत बन जाते हैं, तो दुनिया की कोई ताकत आपको रोक नहीं सकती। इसलिए, आत्म-मंथन करें, विचारों की सफाई करें, और अपने भीतर उस शक्ति को जगाएं जो आपके जीवन को श्रेष्ठ बना सके।

18

इन दो घंटे से जीवन बदले

"विचार का बीज लगाओ और कर्म का फल पाओ, कर्म का बीज लगाओ और आदत का फल पाओ, आदत का बीज लगाओ और व्यक्तित्व पाओ, व्यक्तित्व को अपनाओ और नियति को प्राप्त कर लो।" जीवन में परिवर्तन के लिए हमें बड़े प्रयासों की आवश्यकता नहीं होती, कभी-कभी केवल दो घंटे ही जीवन की दिशा बदल सकते हैं। ये दो घंटे हैं — सोने से पहले का एक घंटा और उठने के बाद का एक घंटा।

अवचेतन मन की शक्ति; जब इंसान सोने की अवस्था में जाता है या सुबह नींद से जागता है, तब उसका अवचेतन मन सबसे सक्रिय होता है। यह मन ही हमारे शरीर की आंतरिक क्रियाओं को संभालता है — श्वसन, रक्त संचार और हर एक प्रक्रिया को। यह मन कभी नहीं सोता और हमारी हर सोच, हर विश्वास को ग्रहण करता है। यही कारण है कि सोने और जागने के समय हमारे विचार और भावनाएँ हमारे जीवन की दिशा तय करते हैं। जो व्यक्ति अवचेतन मन के सिद्धांतों को समझ लेता है, वह अपने जीवन में असाधारण परिवर्तन कर सकता है। इतिहास के महान वैज्ञानिकों और खोजकर्ताओं ने भी अपने अवचेतन मन की शक्ति से प्रेरणा पाई है। इसीलिए कहा गया है कि इन दो घंटों का बुद्धिमानी से उपयोग करें — यह आपके जीवन की कायापलट कर

"

सकता है।

सोने से पहले का समय;

सोने से पहले आपका चेतन मन धीरे-धीरे शांत हो जाता है, और अवचेतन मन जाग्रत होता है। इस समय:

- अपने लक्ष्यों और इच्छाओं की कल्पना करें।
- सकारात्मक विचारों के साथ दिन का समापन करें।
- जो कुछ भी आप पाना चाहते हैं, उसे पूरी आस्था और विश्वास से सोचें।
- धन्यवाद भाव रखें — दिनभर की अच्छी बातों के लिए कृतज्ञ हों।
- सिर्फ वही पढ़ें, देखें या सुनें जो उत्साहवर्धक और सकारात्मक हो।

उठने के बाद का समय;

- सुबह का पहला घंटा पूरे दिन के अनुभवों का आधार होता है। इसलिए:
- ईश्वर का धन्यवाद करें और सकारात्मकता के साथ दिन की शुरुआत करें।
- पानी पीकर, चेहरे पर मुस्कान लाकर खुद को तरोताज़ा करें।
- प्रेरणादायक किताबें पढ़ें या ध्यान करें।
- अच्छी सोच, व्यायाम और उत्साह से दिन को शुरू करें।
- नकारात्मकता से बचें और अच्छे भविष्य की कल्पना करें।

याद रखें: "हम जैसे विचार करते हैं, वैसे ही बन जाते हैं।" इसलिए अपने विचारों को सजगता से चुनें। यदि आज तक आपने इन दो घंटों का सही उपयोग नहीं किया है, तो अभी से शुरू कीजिए।

सोने से पहले:

- कल्पना करें कि आप क्या पाना चाहते हैं।
- नकारात्मकता से बचें।
- आस्था और विश्वास रखें।
- दिनभर की कृतज्ञता जताएं।
- सकारात्मक किताबें पढ़ें और विचार करें।

उठने के बाद:

- भगवान को धन्यवाद दें।
- पानी पिएं, मुस्कराएं।
- अच्छी पुस्तकें पढ़ें या ध्यान करें।
- सकारात्मक सोच के साथ दिन शुरू करें।
- व्यायाम करें, और खुद को प्रेरित रखें।

इन दो पवित्र घंटों को अपनाइए और अपने जीवन की दिशा को नए आयाम दीजिए। यह दो घंटे ही आपकी नियति के निर्माता बन सकते हैं।

"अपने विचारों का ध्यान रखें, ये आपके भाग्य के बीज हैं।"

19

अपने जीवन को प्रोग्राम कैसे करें

जीवन अत्यंत सुंदर है, परंतु हम इसे समझने में अक्सर चूक जाते हैं। हम अपने *मन, बुद्धि और आत्मा* की गहराई को नहीं पहचान पाते, और मस्तिष्क में छुपे उस *असीम खजाने* तक नहीं पहुँच पाते, जो हमारे जीवन को रूपांतरित कर सकता है। इस जीवन को अपनी इच्छानुसार गढ़ने के लिए सबसे पहले अपने *चेतन* और *अवचेतन मन* को समझना अनिवार्य है। हम देखते हैं, सुनते हैं और पढ़ते हैं कि इस संसार में कितने महान लोग हुए हैं—वे इसलिए महान बन पाए क्योंकि उन्होंने अपने मस्तिष्क और विचारों की शक्ति को पहचाना और उनका सही उपयोग किया। हमारा *अवचेतन मन* सही और गलत में भेद नहीं करता। वह केवल *विचारों और विश्वासों* को ग्रहण करता है—चाहे वे सकारात्मक हों या नकारात्मक।

यदि हम नकारात्मक सोचते हैं और उसी पर विश्वास करते हैं, तो वह सोच धीरे-धीरे हमारी वास्तविकता बन जाती है। और जब हम सकारात्मक सोच को आत्मसात करते हैं, उस पर पूर्ण विश्वास रखते हैं,

तब वही सोच जीवन में सुंदर परिणाम लाती है। अब तक आपके जीवन में जो भी घटित हुआ है—चाहे अच्छा हो या बुरा—वह सब आपकी सोच का ही परिणाम है। इस बात को गहराई से समझने के लिए, एक शांत स्थान पर ध्यान मुद्रा में बैठ जाएँ। आँखें बंद करें और *अपने बचपन से लेकर वर्तमान तक* के जीवन का अवलोकन करें। आप अनुभव करेंगे कि आपके जीवन की दिशा, दशा और परिणाम—सब कुछ आपकी सोच से जुड़ा हुआ है। यदि यह ज्ञान आपको कुछ वर्ष पहले प्राप्त हो गया होता, तो आज आप एक *अलग मुकाम* पर होते। लेकिन फिर भी, यह जान लीजिए कि चाहे आप किसी भी परिस्थिति में हों—भले ही सब कुछ खो चुके हों—*भविष्य आपके हाथ में है।* इसलिए जीवन से रूठिए नहीं, मुस्कराइए। *कृतज्ञता* ही वह शक्ति है जो जीवन को पुनः संवार सकती है। इस क्षण के लिए ईश्वर का धन्यवाद दीजिए कि आप जीवित हैं। स्वयं को जैसे हैं वैसे स्वीकार कीजिए, बिना किसी शर्त या संकोच के। क्योंकि अपने जीवन को प्रोग्राम करने से पहले उसे *गहराई से समझना* आवश्यक है।

अपने आपको न जानना;

"जब कोई व्यक्ति अपनी शक्ति को नहीं पहचानता,
तब वह अपने ही जीवन में सबसे बड़ा धोखा करता है।"

अक्सर लोग अपनी *असली क्षमताओं* का गलत उपयोग करते हैं। वे जीवन की गहराई को समझे बिना, केवल समाज की दिखावटी मान्यताओं के सहारे जीवन व्यतीत करते हैं। यही आज की सबसे बड़ी त्रासदी है। लोगों के मन में यह धारणा बैठ चुकी होती है कि *जैसे सब जी रहे हैं, वैसा ही जीवन ठीक है।* वे यह सोच भी नहीं पाते कि कहीं उनका जीवन एक *भ्रम* पर तो नहीं टिका है। वे यही मान लेते हैं कि जीवन कठिन है, समस्याओं से भरा हुआ है और कुछ बदलना संभव नहीं। लेकिन सच्चाई यह है कि जब तक हम स्वयं को *नहीं पहचानते,* तब तक जीवन को सही दिशा देना असंभव है। मैंने भी अपने कॉलेज के दिनों में जीवन को कठिन समझा था। लगता था कि हर रास्ता मुश्किलों से भरा

है। लेकिन एक दिन मैंने अपने आप से सवाल पूछना शुरू किया —"मैं कौन हूँ?" "मैं क्यों ऐसा सोचता हूँ?" "मुझे क्या चाहिए?" और जब मैंने इन प्रश्नों के उत्तर ढूँढने शुरू किए, तो मेरे सामने जीवन की *नई दिशा* खुल गई। तब समझ में आया कि जीवन को सरल बनाया जा सकता है—बशर्ते हम स्वयं को जान लें। जब एक व्यक्ति अपने *विचारों और कर्मों की जड़* को समझ जाता है, कि वह क्यों सोचता है, क्यों क्रियाएं करता है-

तब वह जीवन के हर क्षण को *सजगता* से जीने लगता है। उसके कार्य केवल कर्म नहीं रहते, वे *आनंद और अर्थ* से भर जाते हैं। आज अधिकांश युवाओं के भीतर नकारात्मकता, भ्रम और डर घर कर चुके हैं। वे बिना सोचे-समझे निर्णय लेते हैं और जीवन में उसका गंभीर प्रभाव पड़ता है। इसलिए हर कार्य करने से पहले रुकिए, सोचिए, और स्वयं से पूछिए — "इसका परिणाम क्या होगा?" यदि आप जीवन में श्रेष्ठ बनना चाहते हैं, यदि आप अपने भीतर *गुणों और शक्तियों की अनुभूति* करना चाहते हैं, तो सबसे पहले यह संकल्प लें — "मैं स्वयं को जानूंगा, मैं स्वयं को समझूंगा।" जब यह संकल्प जागता है, तो *अज्ञान का अंधकार* मिटने लगता है, और जीवन की *सच्ची रोशनी* प्रकट होती है। याद रखिए — "जो व्यक्ति स्वयं को जान लेता है, वह संसार की किसी भी परिस्थिति से हार नहीं सकता।"

अपने मन को न समझना

मन को न समझना ही मनुष्य की सबसे बड़ी हार है, और मन को समझ लेना उसके जीवन की सबसे बड़ी जीत। इस जीवन में मन को समझना अत्यंत आवश्यक है। मन क्या है? उसकी प्रकृति क्या है? यदि हम इसे सही दिशा में लगा दें, तो जीवन असाधारण और अद्भुत बन सकता है। दुर्भाग्यवश, अधिकांश लोग मन को नहीं समझते और उसे यूँही इधर-उधर भटकने देते हैं।

यही भटकाव जीवन को असमर्थ और दिशाहीन बना देता है। दुनिया में बहुत कम लोग ही हैं जो वास्तव में एक सार्थक और श्रेष्ठ जीवन जी

पाते हैं, बाकी सब अपने ही मन द्वारा रचे गए भ्रमजाल में उलझकर अंधकार में जीवन बिताते हैं। यदि आपका मन निरंतर भटक रहा है, तो संभव है कि आप अपना अमूल्य जीवन व्यर्थ कर रहे हों। लेकिन यदि आपने मन को एक लक्ष्य में स्थिर कर दिया, तो कोई भी कार्य कठिन नहीं रहेगा। मन को वश में करना ही सबसे बड़ी चुनौती है और यही कारण है कि अधिकतर लोग जीवन को दिशा नहीं दे पाते। महाभारत में अर्जुन श्रीकृष्ण से कहता है, "हे मधुसूदन! कहना तो आसान है कि 'मन पर नियंत्रण रखो', परंतु यह सबसे कठिन कार्य है। यह मन वायु के समान चंचल है, और बहती हवा पर नियंत्रण पाना जैसे असंभव है, वैसे ही चंचल मन को वश में करना भी अत्यंत दुष्कर है।" इस पर भगवान श्रीकृष्ण उत्तर देते हैं, "हे अर्जुन! तुम सत्य कह रहे हो। मन को नियंत्रित करना कठिन अवश्य है, पर असंभव नहीं। इसके लिए दो तलवारों की आवश्यकता होती है — अभ्यास और वैराग्य।" अभ्यास का अर्थ है निरंतर प्रयास। जब मन को किसी एक कार्य पर लगाया जाए, तो वह बार-बार भागेगा, लेकिन हमें उसे हर बार पकड़कर वापस लाना होगा। जैसे एक नवजात घोड़ा लगातार उछलता है और सवार को गिराने की कोशिश करता है, वैसे ही मन भी चंचल है। लेकिन जब सवार दृढ़ संकल्प के साथ अभ्यास करता है,

तो वह उसी घोड़े को वश में कर लेता है। यही है मन पर अभ्यास की तलवार चलाना। अर्जुन पूछता है, "जब अभ्यास से मन नियंत्रण में आ ही गया, तो वैराग्य की क्या आवश्यकता है?" भगवान मुस्कुराकर उत्तर देते हैं, "मन एक बार नियंत्रित हो भी जाए, तो भी इंद्रियों के विषय, भोग, मोह, वासनाएं उसे फिर से भटका सकती हैं।" इसलिए आवश्यक है वैराग्य, जो मन को इन विषयों से ऊपर उठाता है। जब मन जान लेता है कि संसार के भोग-विलास क्षणिक और मिथ्या हैं, मोहजन्य माया हैं, तब उसे उनसे मोह नहीं, बल्कि वैराग्य होता है। वैराग्य की तलवार ही वह शक्ति है जो मन के मोह को काटकर उसे आत्मज्ञान की ओर ले जाती है। इसीलिए हे साधक, यदि तुम अपने जीवन को श्रेष्ठ बनाना चाहते हो, तो अपने मन को जानो, समझो और साधो। मन को जीतना ही *स्वमहारत* की सबसे पहली सीढ़ी है।

20
जीवन की वास्तविक शक्ति

जब आप अपने मन को वश में कर लेते हैं, तब आपके जीवन में असाधारण कार्यों की संभावनाएँ जन्म लेती हैं। जितनी जल्दी हो सके, अपने मन पर नियंत्रण प्राप्त करना सीखिए। जब आप अपने ध्यान को एक बिंदु पर केंद्रित करते हैं, तो आप किसी भी कार्य को न केवल बेहतर ढंग से, बल्कि दीर्घकालिक रूप से भी कर पाते हैं। आपने भी कई बार अनुभव किया होगा कि जब आप किसी एक काम में पूरी तरह व्यस्त होते हैं, तो वह कार्य अत्यंत आनंददायक लगने लगता है और समय का भान ही नहीं होता। परंतु इस जीवन में अधिकांश लोग यही मानते रहते हैं कि वे जो कर रहे हैं, वही सही है, जबकि उन्हें यह भी ज्ञात नहीं होता कि उनके कार्यों का परिणाम क्या होने वाला है।

इसलिए आवश्यक है कि हम अपने भटकते हुए मन को थोड़ी देर ठहराकर स्वयं से यह पूछें कि क्या हम सच में सही दिशा में जा रहे हैं। मन को सही मार्ग पर लगाना सीखिए, तभी जीवन श्रेष्ठ बनेगा। ठीक उसी प्रकार जैसे एक खेत में यदि आम का बीज बोया जाए, तो वह आम का ही पेड़ बनेगा, कभी सेब का नहीं; यह प्रकृति का अटल सिद्धांत है। इसी तरह जब हम अपने मस्तिष्क में विचारों का बीज बोते हैं, तो वह धीरे-धीरे फल देने लगता है — "जो बोओगे वही काटोगे।" इसलिए

कहा जाता है, "जैसे विचार, वैसा मनुष्य।" जीवन में किसी को सफलता मिलती है तो किसी को असफलता – यह सब विचारों की ही उपज है। नकारात्मक सोच ही मानव जीवन का सबसे बड़ा शत्रु है। संसार में दुख का कारण भी अधिकांशतः लोगों की सोच ही है।

यदि आप अपने जीवन को सुखद, समृद्ध और शांतिपूर्ण बनाना चाहते हैं, तो अपने विचारों को शक्तिवान और सकारात्मक बनाइए। जब मैंने अपने जीवन को बदलने की ठानी थी, तो सबसे पहले अपने विचारों को बदला। और आज आप जो यह अद्भुत पुस्तक पढ़ रहे हैं, वह उसी परिवर्तन का परिणाम है। इसलिए याद रखिए — "सोच बदलिए, जीवन बदलेगा और आपके चारों ओर की दुनिया भी।" जीवन में सफलता के लिए एक और मूलमंत्र है – अपने फैसले स्वयं लेना। आज की दुनिया में अधिकांश लोगों ने अपनी खुशियों की बागडोर दूसरों के हाथों में दे रखी है। जब कोई तारीफ करता है तो खुश हो जाते हैं, और कोई आलोचना करे तो दुखी। सोचिए, यह कैसी निर्भरता है? अधिकांश लोग अपने करियर तक का चुनाव दूसरों की राय से करते हैं, जिसका परिणाम बहुत बार निराशाजनक होता है। इसलिए यह आवश्यक है कि आप वही करें जो आपको पसंद है, जिसमें आपको आनंद आता है, और जो आपको जीवन में आगे ले जा सकता है।

जब आप अपने मन से यह पूछते हैं — "क्या मैं सफल हो सकता हूँ?" — तो उत्तर है, "हाँ, बिल्कुल!" क्योंकि जिसने भी अपने निर्णय स्वयं लिए हैं, वह जीवन में सफलता की ऊँचाइयाँ छू सका है। शायद आपके साथ भी कभी ऐसा हुआ होगा जब आपने किसी और को देखकर कुछ करने की ठानी होगी, परंतु बीच में ही छोड़ दिया और उसका पछतावा भी हुआ। अब समय आ गया है कि आप स्वयं से कहें — "यह मेरा जीवन है और मैं ही अपने निर्णय लेकर इसे श्रेष्ठ बना सकता हूँ।" लेकिन हाँ, निर्णय लेने में सावधानी भी आवश्यक है। वही निर्णय लें जिसे आप पूरे आत्मबल और समर्पण के साथ पूर्ण कर सकें। क्योंकि जब आप स्वयं से किया हुआ वादा निभाते हैं, तब ही संतोष मिलता है और आत्मबल भी बढ़ता है।

अंततः सफलता उन्हीं को मिलती है जो सोच-समझकर फैसले लेते हैं और उन्हें पूरा करने का साहस रखते हैं। जीवन में सफलता प्राप्त करने के लिए आपके पास जो सबसे बड़ी शक्ति है, वह है — आपका मस्तिष्क। आज का युग बुद्धि और विचारों का युग है, जहाँ ज्ञान, अनुसंधान और टेक्नोलॉजी की ऊँचाइयों ने संसार को चमत्कृत कर दिया है। यह सब दिमाग की शक्ति से संभव हुआ है — चंद्रमा पर पहुँचना, ब्रह्मांड को समझना, शक्तिशाली यंत्रों का निर्माण — सब उसी दिमाग की उपज है जिसे आज भी सामान्य इंसान सीमित रूप में ही समझता है।

अधिकतर लोग अपने मस्तिष्क की अपार क्षमताओं का सही उपयोग नहीं करते, नई सोच विकसित नहीं करते, और ना ही नवीन संभावनाओं की खोज करते हैं। लेकिन यदि आप अपने दिमाग की शक्ति को पहचान लें, उसे सही दिशा में लगाना सीख लें, तो कोई भी लक्ष्य असंभव नहीं रहेगा। यह दिमाग ही है जो एक साधारण इंसान को असाधारण बना सकता है। संसार में जितनी भी महान उपलब्धियाँ हैं, वे सभी किसी न किसी के विचारों और दिमाग की उपज हैं। इसलिए समय आ गया है कि आप अपने मस्तिष्क को जागरूकता, रचनात्मकता और विवेक से भरें। जीवन में कुछ भी पाना है, तो अपने मस्तिष्क को सही दिशा दीजिए, उसका सही प्रयोग कीजिए और उसकी शक्ति को पहचानिए। इसके लिए मस्तिष्क पर आधारित श्रेष्ठ पुस्तकों का अध्ययन करना एक उत्तम मार्ग हो सकता है। याद रखिए — आप अपने विचारों, निर्णयों और मस्तिष्क के उपयोग से ही अपने भाग्य का निर्माण करते हैं। यही *स्वमहारत* की अगली सीढ़ी है।

21

गलतियों को समझें और सही दिशा में बढ़ें

सही ज्ञान का अभाव:

इस संसार में न जाने कितने लोग दिन-रात मेहनत करते हैं, परन्तु फिर भी उन्हें सफलता नहीं मिलती। कारण क्या है? अक्सर इसका कारण है — सही ज्ञान की कमी। मेहनत करना ज़रूरी है, लेकिन उससे पहले ज़रूरी है — समझदारी और दिशा। अगर आप भी बहुत मेहनत कर रहे हैं लेकिन परिणाम नहीं मिल रहे, तो यह जाँचिए कि क्या आप सही ज्ञान प्राप्त कर रहे हैं? क्या आप उस ज्ञान को अर्जित कर रहे हैं जो आपके लक्ष्य के लिए आवश्यक है? अक्सर लोग बिना दिशा के ज्ञान इकट्ठा करते हैं और गलत दिशा में आगे बढ़ जाते हैं। जब ज्ञान समय पर, उद्देश्य के अनुसार और सही मार्गदर्शन के साथ प्राप्त किया जाए, तभी वह फलदायी होता है। इसलिए आज से ही ठान लीजिए — मैं वही ज्ञान प्राप्त करूंगा, जो मेरे जीवन को सही दिशा दे सके। सही ज्ञान सफलता

की पहली सीढ़ी है।

इन्द्रियों का दुरुपयोग;

मनुष्य के पास जो सबसे बड़ी शक्तियाँ हैं, उनमें से एक हैं उसकी इन्द्रियाँ। लेकिन जब हम इनका गलत उपयोग करते हैं — जैसे अनुचित दृश्य देखना, बुरे विचारों को सुनना या अवांछनीय कर्म करना — तो ये शक्तियाँ हमारे ही जीवन के विरुद्ध काम करने लगती हैं। गलत इन्द्रिय उपयोग से हमारे भीतर गलत इच्छाएँ जन्म लेती हैं, और फिर हम जीवन की ऊर्जा को व्यर्थ कार्यों में नष्ट करने लगते हैं। यही कारण है कि बहुत से लोग रास्ता भटक जाते हैं। इसीलिए, अपने इन्द्रियों को साधना, उन्हें नियंत्रण में रखना और सत्य व उचित दिशा में लगाना — यह आत्मविकास का महत्वपूर्ण सूत्र है।

समय का अपव्यय;

समय वह संपत्ति है जो एक बार चली जाए तो कभी लौटकर नहीं आती। फिर भी आज का मनुष्य व्यर्थ कार्यों में समय गंवाता है। सोशल मीडिया, नकारात्मक सोच, आलस्य और टालमटोल की आदत — ये सभी समय के सबसे बड़े चोर हैं। अगर आप सफलता चाहते हैं, तो समय का सटीक और अनुशासित उपयोग करना सीखिए। जितना अधिक आप समय का सदुपयोग करेंगे, उतनी ही जल्दी आप अपने कार्य में माहिर बनते जाएंगे। अपने हर दिन का एक उद्देश्य तय करें, और समय के साथ एकाग्रता जोड़ दें — सफलता आपके कदम चूमेगी।

गलत संगति;

"जैसी संगति, वैसा परिणाम।" अगर आप पांच शराबियों के साथ बैठते हैं, तो कुछ ही समय में आप भी छठे बन जाएंगे। लेकिन अगर आप पांच सफल और सकारात्मक सोच वाले लोगों के साथ रहते हैं, तो आप

भी वैसा ही बनेंगे। संगति हमारे मन, विचार और कर्म को गहराई से प्रभावित करती है। इसीलिए, सजग होकर सोचिए — आप किन लोगों के साथ सबसे ज़्यादा समय बिता रहे हैं? अगर वे लोग आपको ऊपर उठाने की प्रेरणा नहीं देते, तो आप ग़लत संगत में हैं। अच्छी संगति अपनाइए, और अपने भीतर श्रेष्ठता का संचार कीजिए।

ख़ुश रहने के बजाय ख़ुशी के पीछे भागना;

बहुत से लोग जीवन भर ख़ुशी को किसी मंज़िल की तरह खोजते रहते हैं, जबकि सच्चाई यह है कि ख़ुशी मंज़िल नहीं, एक जीवनशैली है। यह कोई बाहरी वस्तु नहीं जिसे कहीं जाकर पाया जा सके। असली ख़ुशी आपके भीतर है — आपके विचारों में, आपकी शांति में, आपकी संतोषवृत्ति में। जब हम ख़ुशी के पीछे भागते हैं, तो हम वर्तमान को खो देते हैं। लेकिन जब हम हर पल का आनंद लेना सीखते हैं, जब हम स्वयं के साथ प्रेम करते हैं, तब ख़ुशी हमारे जीवन का हिस्सा बन जाती है। याद रखिए, यह जीवन एक सफर है — यहाँ कोई किसी के लिए नहीं रुकता। इसलिए अपने सपनों के साथ-साथ जीवन का भी आनंद लीजिए। ख़ुद से जुड़िए, प्रकृति से जुड़िए, और हर पल को जीना सीखिए। यही सच्ची ख़ुशी है।

सही दिशा में मेहनत का महत्व;

हर दिन लाखों लोग कठिन परिश्रम करते हैं। वे सुबह से लेकर देर रात तक मेहनत में लगे रहते हैं, फिर भी अपेक्षित सफलता उन्हें नहीं मिलती। इसका कारण केवल इतना है कि वे *सही ढंग से* मेहनत नहीं करते। अधिकतर लोग बिना स्पष्ट लक्ष्य और बिना ज्ञान के ही काम में लग जाते हैं, परिणामस्वरूप उनकी सारी ऊर्जा व्यर्थ हो जाती है। मेहनत केवल शारीरिक क्रिया नहीं है, बल्कि यह एक मानसिक और रणनीतिक प्रक्रिया है। जो लोग बिना सीखने के, बिना आत्ममूल्यांकन के केवल श्रम करते हैं, वे अस्थायी परिणाम तो पा सकते हैं, लेकिन दीर्घकालिक सफलता उनके पास नहीं टिकती। हमें समझना होगा कि

परिश्रम की दिशा, समय की उपयोगिता और काम की गुणवत्ता, सफलता की कुंजी है। अधूरे कार्य, गलत समय पर प्रयास और केवल व्यस्त दिखने की प्रवृत्ति— ये सब असफलता की ओर ले जाते हैं। यदि आप भी ऐसे ही प्रयासों में लगे हैं, तो अभी रुकिए, सोचिए, और सही दिशा में मेहनत करना प्रारंभ कीजिए। याद रखें, *स्मार्ट वर्क के साथ हार्ड वर्क ही* वास्तविक सफलता लाता है।

कल्पना शक्ति का सही उपयोग;

कल्पना शक्ति मनुष्य को प्राप्त सबसे अद्भुत उपहारों में से एक है। इतिहास के महान वैज्ञानिक, कवि, लेखक, कलाकार— सभी ने अपनी कल्पना शक्ति को सृजनात्मक दिशा दी, और वही शक्ति उन्हें महानता तक ले गई। लेकिन दुख की बात यह है कि अधिकतर लोग या तो अपनी कल्पना का उपयोग ही नहीं करते, या फिर उसका नकारात्मक उपयोग करते हैं। वे भय, चिंता, शंका और असफलता की कल्पना करते हैं, और वही उनकी वास्तविकता बन जाती है। याद रखिए, हमारा अंतर्मन वही सत्य मानता है जो हम उसमें बार-बार दोहराते हैं। यदि हम अपने मन में महान लक्ष्य, सुंदर भविष्य और सकारात्मक परिणाम की छवियाँ निर्मित करें— तो ब्रह्मांड स्वयं हमारी सहायता के लिए तैयार हो जाता है। इसलिए अपनी कल्पना शक्ति को व्यर्थ न जाने दें। उसे प्रशिक्षित करें, जागरूक बनाएं, और श्रेष्ठ दिशा में उपयोग करें। कल्पना की शक्ति से आप अपने जीवन को अद्भुत बना सकते हैं। सोचते रहना, लेकिन करना नहीं —असफल लोगों की सबसे सामान्य आदत होती है — *बहुत अधिक सोचना, लेकिन बहुत कम करना।* वे हमेशा कहते हैं: "कुछ बड़ा करूंगा..." "माहौल सही नहीं है..." "आज नहीं, कल से शुरू करूंगा..."और इसी 'सोचते रहने' की आदत में दिन, महीने और साल बीत जाते हैं। कार्य... कभी शुरू ही नहीं हो पाता। केवल सोचना, योजना बनाना और बातें करना पर्याप्त नहीं है। सफलता को कर्म की ज़रूरत होती है। जो कार्य आज करना चाहिए, वह कल पर टालना आत्म-विश्वास की नहीं, आत्म-धोखे की निशानी है। यदि आप भी लंबे समय से किसी चीज़ के

बारे में सोच रहे हैं, लेकिन कदम नहीं बढ़ा पा रहे— तो अब निर्णायक बनिए। किसी भी अच्छे कार्य की शुरुआत तुरंत कीजिए। और जब तक वह पूर्ण न हो, तब तक कार्य के प्रति ही समर्पित रहिए, न कि सोच में उलझे रहिए। याद रखिए: *सोचने से जीवन नहीं बदलता, करने से बदलता है। सपने देखने से नहीं, उन्हें पूरा करने की प्रक्रिया से सफलता मिलती है।*

जीवन में लक्ष्य ना होना;

जीवन में लक्ष्य का न होना ठीक वैसा ही है, जैसे कोई जहाज़ बिना कप्तान के समुद्र में छोड़ दिया गया हो—ना दिशा, ना मंज़िल, और ना ही कोई संचालन करने वाला। सोचिए, क्या वह जहाज़ कभी अपने गंतव्य तक पहुँच पाएगा? बिलकुल नहीं! वह लहरों के हवाले होकर इधर-उधर भटकता रहेगा और अंततः समुद्र की गहराइयों में समा जाएगा। जीवन भी बिल्कुल ऐसा ही है। अगर आप बिना किसी लक्ष्य के मेहनत कर रहे हैं या बस जी रहे हैं, तो न तो आप कहीं पहुँच पाएँगे और न ही कोई ठोस उपलब्धि हासिल कर सकेंगे। एक दिन आपका जीवन भी उस भटके हुए जहाज़ की तरह समाप्त हो जाएगा। इसलिए आज से ही संकल्प लीजिए कि कभी भी लक्ष्यहीन जीवन नहीं जिएँगे। अपना लक्ष्य स्पष्ट रूप से लिखिए, उसे रोज़ याद कीजिए, और पूरे समर्पण से उसका पीछा कीजिए। क्योंकि लक्ष्यहीनता ही सबसे बड़ा पतन है, और लक्ष्य ही जीवन को दिशा और उद्देश्य देता है।

बार-बार कार्य बदलते रहना;

सफलता उन्हें ही मिलती है जो किसी एक कार्य में पारंगत हो जाते हैं। लेकिन बहुत से लोग किसी भी कार्य को अधूरा छोड़कर नए कार्य की ओर बढ़ जाते हैं, और यही सिलसिला चलता रहता है। परिणामस्वरूप, वे न तो किसी एक दिशा में प्रगति कर पाते हैं, न ही अपने समय का सदुपयोग कर पाते हैं। क्या आप भी इसी भूल के शिकार हैं? यदि हाँ, तो

सतर्क हो जाइए। किसी एक काम को पूरी निष्ठा और गहराई से कीजिए। उसमें निपुणता हासिल कीजिए। क्योंकि सफलता कभी एक दिन में नहीं मिलती, वह तब मिलती है जब आप लायक बनते हैं। याद रखिए—पहले *खुद को योग्य बनाइए, सफलता आपके पीछे चलेगी।*

बड़ों की सलाह न मानना;

अक्सर लोग सोचते हैं, "मुझे सब पता है।" लेकिन यह सोच ही सबसे बड़ा अवरोध बन जाती है। थोड़ी-सी जानकारी मिलते ही जब घमंड आ जाता है, तब व्यक्ति अपने ही विकास के मार्ग को रोक देता है। अगर आप भी खुद को सब जानने वाला समझने लगे हैं, तो सावधान हो जाइए। ज्ञान की कोई सीमा नहीं होती। जब तक जीवन है, सीखने की प्रक्रिया जारी रहनी चाहिए। अपने से अनुभवी और श्रेष्ठ लोगों की सलाहों को सुनिए, समझिए और अपनाइए। यही आदत आपके जीवन को बेहतर बनाएगी।

लोगों की बातों में उलझना और सीखने की कोशिश न करना;

आज के इस तकनीकी युग में जानकारी का भंडार तो है, परंतु सही ज्ञान दुर्लभ हो गया है। बहुत से लोग सतही और भटकाव भरा ज्ञान अर्जित कर रहे हैं। वे यह देखने में लगे रहते हैं कि दूसरे लोग क्या कर रहे हैं, कैसे कर रहे हैं, क्यों कर रहे हैं। इसी चक्कर में वे स्वयं कुछ सीखने की कोशिश तक नहीं करते। ऐसे लोग दूसरों की आलोचना में व्यस्त रहते हैं, लेकिन स्वयं के जीवन की दिशा उन्हें स्पष्ट नहीं होती। वे न तो आत्मनिरीक्षण करते हैं, न ही अपने भविष्य की स्पष्ट योजना बनाते हैं। अगर आप भी कहीं इसी जाल में उलझे हैं, तो समय आ गया है चेत जाने का। सकारात्मक लोगों से जुड़िए, श्रेष्ठ ज्ञान की तलाश कीजिए, और अपने भीतर सीखने की आदत विकसित कीजिए। हर दिन कुछ नया सीखिए, नई स्किल्स अपनाइए। क्योंकि जो सीखना छोड़ देता है, वह रुक जाता है — और जो सीखते रहता है, वह निरंतर आगे बढ़ता है।

अच्छे कार्यों को टालना और बुरे कार्यों को करना;

कई बार हम अच्छे कामों को टालते रहते हैं — या फिर उनके लिए बहाने ढूंढ लेते हैं। यह आदत धीरे-धीरे बुरी बन जाती है। बुरे कार्यों को करना आसान लगता है क्योंकि उनसे तात्कालिक आनंद मिलता है, लेकिन उनका दीर्घकालिक प्रभाव हमारे जीवन पर बहुत नकारात्मक होता है। हम बिना सोचे-समझे कार्य करते हैं, यह देखे बिना कि वह सही है या गलत। धीरे-धीरे हमारी सोच ऐसी बन जाती है कि हमें अच्छे काम बोझ लगते हैं और बुरे कार्य सामान्य। यही मानसिकता हमारे पतन का कारण बनती है। समय रहते चेतिए। अच्छे कार्यों को प्राथमिकता दीजिए। यह समझिए कि सच्ची संतुष्टि उसी में है जो कार्य नैतिक और हितकारी हों। तात्कालिक आनंद के पीछे भागने की बजाय दीर्घकालिक सुख और आत्म-संतोष की दिशा में कदम बढ़ाइए।

अपनी वैल्यू न बढ़ाना;

आपकी वैल्यू ही आपकी पहचान है। जितना अधिक आप अपने आप को निखारते हैं, उतना ही संसार आपको महत्व देता है। हर दिन स्वयं से यह प्रश्न कीजिए — *"क्या मैं अपने कार्यों से स्वयं को औरों की दृष्टि में बेहतर बना रहा हूँ?"* जो व्यक्ति अपनी वैल्यू को बढ़ाने पर काम करता है, वही समाज में आदर और अवसर प्राप्त करता है। लेकिन अगर आप स्वयं को नजरअंदाज़ करते हैं, तो यह आपकी सोच, आत्मविश्वास और मानसिकता को धीरे-धीरे खा जाता है। इसलिए आज से ही अपने आप को बेहतर बनाइए। हर दिन एक कदम खुद की मूल्यवृद्धि की ओर बढ़ाइए। ऐसे कार्य कीजिए जो समाज, परिवार और स्वयं के लिए उपयोगी हों। यही मार्ग है सफलता, सम्मान, समृद्धि और संतोष की ओर।

परिस्थितियों और हालातों को दोष देना;

जीवन का स्वभाव ही उतार-चढ़ाव से भरा होता है — यह हमें पता होता है, फिर भी हर बार भूल जाते हैं। जब कोई कठिनाई सामने आती है, तो हम घबरा जाते हैं। संघर्ष तो करते हैं, लेकिन जैसे ही परिणाम नहीं मिलते, हम दोषारोपण की मानसिकता में चले जाते हैं। हम हालात को, लोगों को, समय को दोष देने लगते हैं। लेकिन सच्चाई यह है कि दोष देना सिर्फ एक बहाना होता है — असफलता को छिपाने का। कठिन समय में हमें सबसे पहले अपने नज़रिए को सकारात्मक बनाना चाहिए। हर कठिन परिस्थिति में भी कुछ अच्छा ढूंढिए, कुछ सीखिए और अपने आप को बेहतर बनाइए। जब तक आप जीवित हैं, तब तक आप ही अपने जीवन के उत्तरदायी हैं। इसलिए बहानों से बाहर निकलिए। हालात कैसे भी हों — उन्हें बदलने की ताक़त आपके अंदर है। साहसी बनिए, जिम्मेदारी उठाइए, और एक नई ऊर्जा के साथ आगे बढ़िए। यकीन मानिए, उत्साह और निरंतरता के साथ चलेंगे तो एक दिन सफलता निश्चित ही आपके कदम चूमेगी।

अपनी जिम्मेदारी न लेना;

अक्सर असफल लोग अपनी ज़िंदगी की जिम्मेदारी दूसरों पर डालते हैं। लेकिन याद रखिए — *"कोई किसी का नहीं होता, जब तक आप स्वयं अपने नहीं बनते।"* इस जीवन में जो भी हो रहा है, उसकी ज़िम्मेदारी पूरी तरह आपकी है। आप आज जहाँ भी हैं, जैसे भी हालात में हैं — ये आपके खुद के फैसलों का परिणाम है। किसी ने आपको मजबूर नहीं किया, आपने ही निर्णय लिया था। फिर चाहे वो अच्छा निकला हो या बुरा, वह आपके ही सोच, निर्णय और कर्मों का फल है। इसलिए ज़िंदगी में अपनी ज़िम्मेदारी को स्वीकार करना सीखिए। यही आत्मनिर्भरता की पहिली सीढ़ी है। जब आप अपने जीवन के हर परिणाम के लिए स्वयं को ज़िम्मेदार मानेंगे, तभी आप सच में उसे बदलने के अधिकारी बनेंगे। अपने विचारों, अपने कर्मों, और अपने रास्तों की पूरी ज़िम्मेदारी उठाइए

— और फिर देखिए, आपके हाथों में कमाल रचने की ताकत कैसे आ जाती है।

छोटी सोच रखना;

एक गहरी कहावत है — *"छोटी सोच और पैर की मोच, इंसान को आगे नहीं बढ़ने देती।"* जीवन में सोच का आकार ही आपके भाग्य का आकार तय करता है। जो लोग सिर्फ छोटे लक्ष्यों तक सोचते हैं, उन्हें वही सीमित सफलता मिलती है। लेकिन जो बड़े सपने देखते हैं, बड़ी जिम्मेदारी उठाते हैं, और बड़ी सोच के साथ काम करते हैं — वे दुनिया बदलने की ताकत रखते हैं। आपके सोचने की आज़ादी पर कोई बंदिश नहीं है। आप जितना चाहें, उतना बड़ा सोच सकते हैं। तो फिर खुद को सीमित क्यों करें? छोटी सोच जीवन में बाधाएँ पैदा करती है, डर को जन्म देती है, और अवसरों को दूर कर देती है। इसलिए आज से संकल्प लें — छोटी सोच को त्यागें, और बड़े विचारों के साथ आगे बढ़ें। बड़े लक्ष्य बनाइए, बड़े उद्देश्य निर्धारित कीजिए, और उन्हें पाने के लिए पूरी ताकत झोंक दीजिए। बड़ी सोच से ही बड़ी सफलता मिलती है।

मुश्किलों से डरना;

मनुष्य के जीवन का सबसे बड़ा शत्रु यदि कोई है, तो वह है — डर। यह एक छोटा-सा शब्द है, लेकिन असंख्य लोगों को असफल बना देता है। वास्तव में डर केवल एक मानसिक स्थिति है, एक कल्पना है — लेकिन जब हम इसे सच मान बैठते हैं, तब यह हमारे जीवन का नियंत्रण संभाल लेता है। जब भी कोई कार्य करें, तो निश्चिंत होकर करें। यह सोचें — *"जो भी होगा, अच्छा ही होगा।"* डर को अपने रास्ते में मत आने दीजिए। जैसे हिटलर ने अपने जीवन से "असंभव" शब्द को निकाल दिया था, वैसे ही आप "डर" को अपने शब्दकोश से निकाल दीजिए। मुश्किलें जीवन का हिस्सा हैं। उन्हें देखकर डरिए मत, बल्कि आत्मविश्वास और मुस्कान के साथ उनका सामना कीजिए। जब डर खत्म होता है, तभी जीवन में

स्वतंत्रता और आनंद की शुरुआत होती है।

जीवन को गलत नजरिए से देखना;

"जिंदगी वैसी नहीं है जैसी आप सोचते हैं, जिंदगी वैसी है जैसी आप हैं।"
अगर जीवन दुःखों से भरा हुआ, कठिन और निराशाजनक लगता है, तो इसका कारण जीवन नहीं, बल्कि आपके देखने का नजरिया है। जिस दिन आप अपने दृष्टिकोण को बदल देंगे, उसी दिन जीवन आपको सुंदर और सार्थक प्रतीत होने लगेगा। नाकामयाब व्यक्ति जीवन को दोष देता है, लेकिन सफल व्यक्ति जीवन को एक अवसर के रूप में देखता है। सकारात्मक दृष्टिकोण से हर परिस्थिति को देखें — तब आपको अपने भीतर और जीवन के हर कोने में सुंदरता दिखेगी। हमेशा अपने विचारों पर ध्यान दें। दूसरों की नकारात्मक बातों में न आएं। स्वच्छ, पवित्र और प्रेरणादायक विचारों के साथ चलें — यही जीवन में शांति, सफलता और समृद्धि का मार्ग है।

आत्मविश्वास की कमी;

जब किसी को अपनी आत्मा पर विश्वास नहीं होता, तभी उसके मन में डर पैदा होता है — और यही डर उसे जीवन में पीछे कर देता है। आत्मविश्वास वह शक्ति है, जो किसी को भी अंधकार से निकालकर प्रकाश की ओर ले जा सकती है। एक असफल व्यक्ति में आत्मविश्वास की कमी होती है, जबकि एक सफल व्यक्ति अपने विश्वास से ही चमत्कार करता है। इसलिए हमेशा खुद पर भरोसा रखें। अच्छे कर्म करें, श्रेष्ठ प्रयास करें — यही आत्मविश्वास को जन्म देता है और सफलता की नींव रखता है। अपनी कमियों को न सुधारना; हम सभी के भीतर कुछ न कुछ कमियाँ होती हैं। लेकिन फर्क इस बात से पड़ता है कि हम उन्हें सुधारने की कोशिश करते हैं या नहीं। सफल लोग अपनी कमियों को पहचानते हैं और उन्हें सुधारने में लग जाते हैं। असफल लोग अपनी कमियाँ जानते हुए भी उन्हें नज़रअंदाज़ कर देते हैं — और यही उनकी सबसे बड़ी गलती बन जाती है। अगर आप महान बनना चाहते हैं, तो सबसे पहले अपनी आदतों और व्यवहार की जाँच कीजिए। छोटी-छोटी

बातों पर ध्यान दें — यही बातें आगे चलकर बड़े बदलाव लाती हैं। याद रखिए, *"आपकी कमियाँ कोई और नहीं, केवल आप ही सुधार सकते हैं।"*

क्षणिक सुखों के पीछे भागना;

क्षणिक सुख — यह वो जाल है जो जीवन की गहराई से भटका देता है। ये तात्कालिक इच्छाएँ, जो थोड़े समय के लिए आनंद देती हैं, दीर्घकाल में दुःख, पछतावा और अधूरी ज़िंदगी की ओर ले जाती हैं। क्षणिक सुख के पीछे भागते हुए कई लोग अपना चरित्र, उद्देश्य और आत्म-सम्मान तक खो बैठते हैं। अगर आज आपके जीवन में क्षणिक सुख हावी हैं — तो रुक जाइए। आत्मनिरीक्षण कीजिए। अपने विचारों और आदतों को जांचिए। अपने हर कार्य को इस सोच से कीजिए कि *"क्या यह मुझे एक श्रेष्ठ भविष्य की ओर ले जाएगा?"* अगर उत्तर नहीं है, तो उस कार्य से दूर रहें। अपने बीते हुए जीवन की गलतियों के लिए खुद से और परमात्मा से क्षमा माँगिए — और फिर नई शुरुआत कीजिए। सत्य, संयम और पवित्रता के मार्ग पर चलिए — यही मार्ग आपको आत्मिक शांति और एक सुंदर जीवन प्रदान करेगा।

प्रेरणा की कमी;

प्रेरणा — यह वह शक्ति है जो किसी भी व्यक्ति का जीवन बदल सकती है। यह दो प्रकार की होती है — एक भीतर से उत्पन्न होने वाली (*आंतरिक प्रेरणा*) और दूसरी बाहर से प्राप्त होने वाली (*बाह्य प्रेरणा*)। लेकिन दुर्भाग्यवश, असफल लोगों के जीवन में प्रेरणा या तो होती नहीं है, या वे उसे प्राप्त करने का प्रयास ही नहीं करते। प्रेरणा हमारे चारों ओर बिखरी हुई है — कठिन परिस्थितियों में, संघर्षों में, और उन लोगों की जीवन गाथाओं में जिन्होंने विषम हालातों के बावजूद सफलता प्राप्त की। परंतु बहुत से लोग परिस्थितियों को दोष देने में लगे रहते हैं, उनसे प्रेरणा लेना भूल जाते हैं। वे न तो सफल व्यक्तियों की आत्मकथाएँ पढ़ते हैं, न ही अपने भीतर किसी उद्देश्य की खोज करते हैं। याद रखिए —

"जब भूख होती है, तभी हम भोजन करते हैं; ठीक वैसे ही, जब जीवन में कोई वजह होती है, तभी हम सफल होने की दिशा में आगे बढ़ते हैं।" अगर आपके पास सफलता की कोई स्पष्ट वजह नहीं है, तो आप जीवन में लक्ष्यहीन होकर भटकते रहेंगे। प्रेरणा की शक्ति; जिस व्यक्ति के पास प्रेरणा होती है, वह जीवन की हर कठिनाई का डटकर सामना करता है। प्रेरणा आत्मा को शक्ति देती है, मन को स्थिर करती है, और हृदय में जीत की ज्वाला जगाती है। ऐसा व्यक्ति अपने कार्य को एक युद्ध की तरह लेता है, और तब तक नहीं रुकता जब तक वह विजयी नहीं हो जाता। अगर आपके पास कोई प्रेरणा नहीं है, तो आप किसी भी काम को अधूरा छोड़ देंगे। इसलिए खुद से यह प्रश्न करें — *क्या मेरे जीवन में कोई उद्देश्य है? कोई ऐसी वजह जो मुझे सुबह जगाए, काम पर लगाए, और रात तक संघर्ष कराए?* अगर नहीं, तो अभी से उस प्रेरणा को खोजिए। उसे अपने भीतर जगाइए। हमारा मन चंचल है, वह अक्सर रास्ता भटकता है। इसलिए आवश्यक है कि हम समय-समय पर खुद को प्रेरित करें, सकारात्मक विचारों से भरें, और अपनी आत्मा को ऊर्जावान बनाए रखें।

प्रेरणा का स्रोत बनें;

यदि आज आपके जीवन में प्रेरणा की कमी है, तो खुद को अपनी परिस्थितियों से प्रेरित करना सीखिए। ऐसे लोगों की जीवनी पढ़िए जो गरीबी, संघर्ष, और असंभव परिस्थितियों से निकलकर सफलता के शिखर पर पहुंचे। उनकी कहानियाँ आपको वह शक्ति देंगी जो आपके भीतर सोई हुई है। हर व्यक्ति के जीवन में एक वजह होनी चाहिए — एक ऐसा कारण जो उसे अपने सपनों के पीछे भागने को मजबूर करे। अपने भीतर वह वजह खोजिए और अपने सपनों को साकार कीजिए। दूसरों को भी प्रेरित कीजिए। जब आप किसी और की जिंदगी को रोशन करते हैं, तो आपकी खुद की आत्मा भी और अधिक प्रकाशित होती है। प्रेरणादायी किताबें पढ़िए, सकारात्मक लोगों के बीच रहिए, और अपने लक्ष्य पर दृढ़ रहिए। याद रखिए — *जीवन एक यात्रा है, इसे उद्देश्य, प्रेरणा और*

प्रेम के साथ जिएं। ऐसा जीवन जिएं कि एक दिन आप खुद किसी और के लिए प्रेरणा बन जाएं। जीवन में अंधेरा क्यों होता है?; जीवन में जब हम अंधकार से गुजरते हैं — मायूसी, असफलता, भ्रम और दुखों के दौर से — तो हमें यह समझना होगा कि ये अंधकार किसी बाहरी शक्ति का परिणाम नहीं हैं। यह अक्सर हमारी अपनी आदतों, सोच, और निर्णयों का परिणाम होते हैं। अधिकतर लोग अनजाने में ही वे कार्य करते हैं, जो उन्हें अंधकार की ओर ले जाते हैं।

यहाँ वे प्रमुख कारण दिए जा रहे हैं, जिनकी वजह से व्यक्ति के जीवन में अंधेरा छा जाता है:

- अपने आपको न जानना — जब व्यक्ति आत्म-ज्ञान से दूर होता है, तो वह अपनी दिशा खो देता है।
- अपने मन को न समझना — मन को समझे बिना जीवन की दिशा नहीं तय की जा सकती।
- गलत सोचने की आदत — नकारात्मक विचार धीरे-धीरे जीवन को निगल जाते हैं।
- अपने फैसले खुद न लेना — हर वक्त दूसरों पर निर्भर रहना, आत्मनिर्भरता को मार देता है।
- अपने दिमाग का गलत इस्तेमाल करना — सोचने की शक्ति को कल्पनाओं और डर में व्यर्थ गंवा देना।
- सही ज्ञान न अर्जित करना — अधूरी जानकारी से जीवन की राहें और उलझ जाती हैं।
- इन्द्रियों का सही उपयोग न करना — इच्छाओं के अधीन होकर इन्द्रियों को नियंत्रित न करना।
- समय का दुरुपयोग — समय सबसे मूल्यवान है, उसका अपव्यय ही जीवन को पीछे धकेलता है।
- गलत संगत रखना — संगति का सीधा प्रभाव हमारे जीवन, सोच और व्यवहार पर पड़ता है
- खुश रहने की बजाय, खुशी के पीछे भागना — सुख की खोज में स्थायी शांति खो देना।

- सही ढंग से मेहनत न करना — मेहनत के बिना सफलता केवल एक सपना ही रह जाती है।
- कल्पना का गलत उपयोग — कल्पना रचनात्मक होनी चाहिए, न कि भ्रम पैदा करने वाली।
- सोचना बहुत, करना कुछ नहीं — सिर्फ विचारों में खो जाना, लेकिन क्रिया से दूर रहना।
- जीवन में लक्ष्य न होना — लक्ष्यहीन जीवन भटकता हुआ जीवन होता है।
- लगातार दिशा बदलना — एक काम छोड़कर बार-बार नया शुरू करना, कभी मंज़िल तक नहीं पहुँचाता।
- बड़ों की सलाह न लेना — अनुभव से मिली सीख को नजरअंदाज़ करना, बड़ी भूल होती है।
- लोगों की बातों में उलझना — दूसरों की सोच में खोकर खुद की राह खो देना।
- सीखने की कोशिश न करना — जो सीखता नहीं, वह कभी आगे नहीं बढ़ सकता।
- अपनी वैल्यू न बढ़ाना — स्वयं की महत्ता को पहचानना और विकसित करना ज़रूरी है।
- परिस्थितियों को दोष देना — हालात को कोसना, खुद की जिम्मेदारी से भागना है।
- जिम्मेदारी न लेना — जब तक हम खुद के जीवन की ज़िम्मेदारी नहीं लेते, बदलाव संभव नहीं।
- छोटी सोच रखना — सीमित सोच सीमित जीवन ही देती है।
- मुश्किलों से डरना — डर व्यक्ति को आगे बढ़ने से रोकता है।
- जीवन को गलत नज़रिए से देखना — नकारात्मक दृष्टिकोण जीवन को बोझ बना देता है।
- आत्मविश्वास की कमी — विश्वास के बिना कोई भी सपना साकार नहीं होता।
- कमियों को न सुधारना — जो खुद को सुधार नहीं सकता, वो जीवन को भी नहीं सुधार सकता।

- क्षणिक सुख के पीछे भागना — तात्कालिक आनंद में भविष्य का बलिदान देना।
- प्रेरणा की कमी — प्रेरणा के बिना जीवन दिशाहीन हो जाता है।

इन सभी कारणों को जानकर, यदि हम इनके उलट चलें — आत्म-ज्ञान प्राप्त करें, सही सोचें, मेहनत करें, जिम्मेदारी लें और प्रेरणा से भर जाएं — तो जीवन में जो अंधकार है, वह स्वयं ही छंटने लगेगा। जीवन की रौशनी हमारे ही भीतर है, बस उसे पहचानने की ज़रूरत है।

22

अपना भविष्य बनाएँ

जीवन की बदलती धारा में, एक छोटे से गाँव में दो बाल मित्र रहते थे—घनश्याम और चंदू। दोनों ही गरीब परिवारों से थे, और उनके परिवारों में कोई विशेष शिक्षित नहीं था। हालाँकि, ज्ञान की कमी के बावजूद वे लोग अपने सीमित संसाधनों में खुशहाल जीवन जी रहे थे। समय के साथ दोनों बच्चों की उम्र पढ़ाई के लायक हो गई, पर आर्थिक स्थिति ठीक न होने के कारण उन्हें गाँव के पास के ही सरकारी स्कूल में दाख़िला दिलाया गया। दोनों की दोस्ती गहरी थी, साथ खेले-बढ़े थे, और अब एक ही कक्षा में पढ़ने लगे थे। लेकिन पारिवारिक शिक्षा और संस्कारों की कमी के कारण दोनों बच्चे पढ़ाई के प्रति गंभीर नहीं थे। वे शरारती थे, मस्ती में रहते और पढ़ाई में मन नहीं लगाते थे।

एक दिन स्कूल के शिक्षक ने उनकी शिकायत घर तक पहुँचा दी। जब दोनों के माता-पिता को स्कूल बुलाया गया और बच्चों की गतिविधियों के बारे में बताया गया, तो दोनों बच्चे डर गए और उन्होंने पढ़ाई की ओर ध्यान देना शुरू किया। धीरे-धीरे दोनों आठवीं कक्षा तक पहुँच गए। हालांकि वे पढ़ाई में अव्वल नहीं थे, फिर भी बाकी बच्चों की तरह आगे बढ़ रहे थे। अब जब वे बड़े हो रहे थे, तो उनके परिवारों को चिंता होने लगी कि जल्द ही वे दसवीं में पहुँच जाएंगे और आगे की पढ़ाई के लिए धन की आवश्यकता होगी। इसी चिंता में दोनों परिवार और अधिक मेहनत करने लगे। घनश्याम के पिता ने मजदूरी बढ़ा दी, पर अत्यधिक परिश्रम

और स्वास्थ्य का ध्यान न रख पाने के कारण वे बीमार पड़ गए, और अंततः एक दिन उनका निधन हो गया। घनश्याम के लिए यह एक बहुत बड़ा झटका था। आठवीं की परीक्षा के समय ही उसके पिता का देहांत हुआ। उसके जीवन में जो सरलता और सादगी थी, वह अब दुःख और जिम्मेदारी में बदल गई।

अब केवल उसकी माँ और दो छोटे भाई ही थे। घनश्याम के कंधों पर पारिवारिक जिम्मेदारियाँ आ गईं, जिससे उसका पढ़ाई में मन लगना कठिन हो गया। लेकिन उसकी माँ ने उसे समझाया और दसवीं तक की पढ़ाई पूरी करने का आग्रह किया। माँ की बात सुनकर, घनश्याम ने खुद को संभाला और मेहनत करना शुरू किया। वह दिन में मजदूरी करता और रात को पढ़ाई करता। चंदू, उसका सबसे अच्छा दोस्त, उसके साथ खड़ा रहा। उसने कभी उसका साथ नहीं छोड़ा। वह जानता था कि घनश्याम के हालात कठिन हैं, लेकिन वह उसे हर परिस्थिति में सहयोग देता रहा। दसवीं की परीक्षा पास आ रही थी। घनश्याम अपने परिवार की चिंता के साथ-साथ पढ़ाई में भी पूरी मेहनत कर रहा था। उसने जिम्मेदारियों को स्वीकारना सीख लिया था। चंदू ने भी घनश्याम से प्रेरणा लेकर जीवन की गंभीरता को समझा और अपनी सोच बदली।

एक दिन स्कूल में एक विशेष कार्यक्रम आयोजित किया गया, जिसमें शहर से कुछ विशेषज्ञों को बुलाया गया था। ये वे लोग थे जिन्होंने जीवन में कठिन परिस्थितियों को पार कर सफलता पाई थी। उनमें से एक वक्ता ने एक गहन और प्रभावशाली भाषण दिया। विषय था—"अपने भविष्य को प्रोग्राम करो।"

उस वक्ता ने कहा: "जीवन उतार-चढ़ाव से भरा है। इससे भागना कोई समाधान नहीं। यह आपके पीछे हमेशा बना रहेगा। आप जितना छुपेंगे, उतना ही यह आपका पीछा करेगा। इसलिए सबसे पहले जीवन को स्वीकार करना सीखें। हर व्यक्ति इस धरती पर एक किरदार निभाने आया है। आपको खुद समझना होगा कि आपका किरदार क्या है। जीवन में मुश्किलें आएँगी, पर उनसे भागना नहीं है। अपने डर का सामना करें।

याद रखिए—आप खुद अपने जीवन के निर्माता हैं। जैसा चाहें, वैसा जीवन बना सकते हैं। ईश्वर ने आपको एक विशिष्ट उद्देश्य के लिए

भेजा है। आपकी आत्मा में वही शक्ति है जो इस सृष्टि को चलाने वाले ईश्वर के पास है। जिस तरह शेर का बच्चा हमेशा शेर ही होता है, वैसे ही आप भी सर्वशक्तिमान के संतान हैं। अपने भीतर की शक्ति को पहचानिए। और उस शक्ति को सही दिशा में लगाइए।" यह भाषण सुनकर घनश्याम और चंदू जैसे जाग उठे। उन्हें समझ आ गया कि कठिनाइयाँ स्थायी नहीं होतीं, पर यदि इंसान ठान ले तो वह किसी भी परिस्थिति को बदल सकता है। उस दिन के बाद उनके जीवन की दिशा बदल गई।

इसलिए अपनी शक्ति और ऊर्जा का सही दिशा में प्रयोग करके जीवन के दुःखों पर विजय पाई जा सकती है। चाहे मुश्किलें कितनी भी बड़ी क्यों न हों, यह मत भूलो—"यह समय भी गुजर जाएगा।" जीवन को जैसा आप चाहते हैं, वैसा सोचिए, वैसी ही आदतें बनाइए, और वैसा ही कर्म कीजिए। अपने सपनों को सच करने के लिए पूरी ईमानदारी से, पूरी ताकत से, पूरे समर्पण के साथ जुट जाइए। हमेशा याद रखिए—"आपके हर पल के निर्णय ही आपका भविष्य बनाते हैं।" इसलिए, हर निर्णय सोच-समझकर लीजिए—क्योंकि वही आपके कल की नींव रखेंगे।

अगर आप हमेशा अपने हालातों को कोसते रहेंगे, तो ये सोच आपकी सबसे बड़ी बाधा बन जाएगी। जीवन को एक सही दृष्टिकोण से देखना सीखिए। आपके भीतर जीतने की जिद होनी चाहिए। जब आप अपने सपनों के पीछे दौड़ते हैं, तब आपके सामने नकारात्मकता और बाधाएँ जरूर आएँगी। कई बार लोग आपको रोकने की कोशिश करेंगे। उस समय केवल अपने लक्ष्य को देखिए, उस पर टिके रहिए, और आगे बढ़ते रहिए। नकारात्मक सोच और लोगों से दूर रहिए—क्योंकि जब आप अपने सपनों को जीने लगते हैं, तब समझ लीजिए, आप उन्हें हासिल करने ही वाले हैं। जीवन के रास्ते में कांटे बिछे होंगे, कठिनाइयाँ आएँगी—पर रुकना नहीं है। जितना अधिक आप संघर्ष करेंगे, उतना ही आपका मन और मस्तिष्क मजबूत बनेगा। सदैव कामयाब लोगों की तरह सोचिए और अच्छे विचारों व व्यक्तित्वों से जुड़िए।

नाकामयाब लोग बहाने ढूंढते हैं, और आपको ऐसे बहानों की दुनिया से दूर रहना है। हमेशा ऊँची सोच रखिए, सकारात्मक सोचिए, और याद

रखिए—इस संसार में आप अपनी ज़िंदगी को जैसे चाहें वैसे प्रोग्राम कर सकते हैं। आपके पास अपने सपनों को चुनने और उन्हें साकार करने की पूरी स्वतंत्रता है।

शिक्षक की स्पीच के अंतिम शब्द गूंजे —"बच्चों! क्या आप तैयार हैं अपने जीवन को प्रोग्राम करने के लिए?" सभी बच्चों ने एक स्वर में उत्तर दिया —"हाँ! हम तैयार हैं!" यह स्पीच घनश्याम और चंदू—दोनों पर गहरा प्रभाव डालती है। घर लौटकर वे अपने-अपने परिवार को उस प्रेरणादायक वक्तव्य के बारे में बताते हैं। घनश्याम की माँ भावुक होकर कहती हैं, "बेटा, इस स्पीच को हमेशा याद रखना, और एक अच्छी ज़िंदगी बनाना।" यह बात घनश्याम के दिल में उतर जाती है। वह पहले से ज़्यादा प्रेरित हो जाता है।

अब वह पढ़ाई के प्रति गंभीर होता जा रहा है, उसकी आदतें और सोच सकारात्मक हो रही हैं। धीरे-धीरे वह जीवन के गहरे अर्थ को समझने लगा है। लेकिन चंदू अब भी थोड़े अलग रास्ते पर है। उसने उस स्पीच का उतना असर नहीं लिया, जितना घनश्याम ने। अब दसवीं की परीक्षा का समय आ गया है। घनश्याम बार-बार चंदू को समझाता है, प्रेरित करता है, लेकिन चंदू अब कुछ और साथियों की संगत में आकर उलझ गया है।

उसकी सोच दिशाहीन होती जा रही है। जबकि घनश्याम उस स्पीच से मिली प्रेरणा को पूरे दिल से अपना चुका है। वह मेहनत कर रहा है, पढ़ाई पर ध्यान दे रहा है, और जीवन में कुछ बनने की दिशा में कदम बढ़ा चुका है। परीक्षा समाप्त होती है। घर लौटते समय दोनों दोस्त आपस में बातचीत करते हैं—"बोल घनश्याम, तेरी परीक्षा कैसी रही?"

"अरे, बहुत अच्छी रही! तेरी?" "मेरी भी ठीक-ठाक रही..." घनश्याम मुस्कराते हुए कहता है, "अब आगे क्या? जैसा उस महान व्यक्ति ने कहा था, 'हम अपना भविष्य खुद बनाते हैं', मुझे लगता है—हमें हार नहीं माननी चाहिए।" चंदू थोड़ी देर चुप रहता है, फिर कहता है, "तेरी बात सही है... लेकिन आगे का सफर बहुत कठिन होगा।" घनश्याम गंभीर होकर उत्तर देता है, "सच कहा तूने चंदू—but अगर हम परिस्थितियों से डर गए, तो हमारा परिवार आगे कैसे बढ़ेगा? मेहनत तो वैसे भी करनी है, तो क्यों न ऐसी मेहनत करें जो हमें नई ऊँचाइयों तक ले जाए? गाव

में रहकर सिर्फ मजदूरी करने से बदलाव नहीं आएगा। तरक्की के लिए ज़रूरी है कि हम खुद को बदलें और अपने सोच को बड़ा करें।"

"मैंने सुना है," घनश्याम आगे कहता है, "अगर इंसान को आगे बढ़ना है, तो उसे उस जगह रहना चाहिए जहां धन, ज्ञान, अवसर और प्रेरणा मौजूद हो। इस छोटे से गाँव में हम मेहनत तो कर सकते हैं, लेकिन तरक्की नहीं। हमें शहर जाकर कुछ बड़ा सीखना होगा, ताकि हम खुद को बदल सकें, और अपने गाँव के लोगों को भी साथ लेकर आगे बढ़ा सकें।" "इसलिए हार मानने का सवाल ही नहीं उठता!" दोनों दोस्त बहुत देर से पैदल चलकर घर पहुँचते हैं। घर पहुँचते ही घनश्याम अपनी माँ से बातें करने लगता है। माँ मुस्कराकर पूछती हैं— "बेटा, बातें तो चलती रहेंगी... पर ये तो बता, तेरी परीक्षा कैसी रही?" घनश्याम आत्मविश्वास से कहता है—"बहुत अच्छी रही मम्मी!"

उधर चंदू भी अब खुश था। घनश्याम ने उसे जिस सकारात्मकता और समझदारी से समझाया था, उसका असर हुआ था। वह भी अपने पापा के पास जाकर कहता है— "पापा, मुझे आगे की पढ़ाई करनी है और एक बड़ा इंसान बनना है। मैं चाहता हूँ कि हमारे गाँव को एक नई दिशा मिले।" पिता मुस्कराते हैं— "बिलकुल बेटा! बातें तो चलती रहेंगी... पर ये तो बता, तेरी परीक्षा कैसी रही?" चंदू थोड़ा झिझकते हुए कहता है—"हाँ पापा, परीक्षा ठीक-ठाक रही..." अगले दिन दोनों दोस्त मिलते हैं। घनश्याम कहता है—"जिस व्यक्ति ने हमें स्पीच दी थी, उसकी बात याद है? हमें हर दिन को जीतने की भावना से जीना है, और अपने भविष्य को खुद प्रोग्राम करना है।" चंदू सहमति में सिर हिलाता है—"हाँ, बिल्कुल सही कहा तूने।" छुट्टियों में दोनों ने गाँव में मजदूरी की और आगे की पढ़ाई के लिए पैसे इकट्ठे किए। दसवीं का रिजल्ट आने वाला था।

घनश्याम स्कूल के शिक्षकों से अच्छे कॉलेजों के बारे में जानकारी लेता है और चंदू को भी उत्साहित करता है। रिजल्ट आता है। दोनों पास हो जाते हैं। घनश्याम के अंक ज़्यादा हैं, चंदू के थोड़े कम—फिर भी दोनों के चेहरे पर खुशी है। माँ-बाप भी बहुत खुश होते हैं। उस दिन घर में अच्छा खाना बना, मिठाइयाँ बँटीं। कॉलेज में प्रवेश होता है—लेकिन

दोनों को अलग-अलग शहरों में दाखिला मिलता है। बचपन से साथ रहने वाले दोस्त अब पहली बार दूर हो गए। लेकिन फिर भी दिलों में दोस्ती बरकरार रही। कॉलेज की पढ़ाई शुरू होती है।

घनश्याम अपनी परिस्थितियों को गहराई से समझता है। वह समझदार है, और जानता है कि किस दिशा में आगे बढ़ना है। वह हमेशा सच्चे और प्रेरणादायक सीनियर्स से जुड़ता है। उसका ध्यान अपने लक्ष्य पर है, इसलिए वह सकारात्मक विचारों और मेहनती दोस्तों से घिरा रहता है। घनश्याम हर दिन खुद को बेहतर बनाने में जुटा रहता है। वहीं चंदू...चंदू थोड़ा भटक गया। उसने बुरे संगतों का साथ ले लिया ऐसे लोग जो मौज-मस्ती, नशा, और समय की बर्बादी में लिप्त थे। धीरे-धीरे चंदू भी उसी राह पर चल पड़ा। अब उसकी नींद देर से होती, पढ़ाई से ध्यान हट गया, झूठ बोलना, समय बर्बाद करना—ये उसकी आदतें बन गईं। परिस्थितियाँ बिगड़ने लगीं, लेकिन उसे इसका अहसास नहीं था।

इसके विपरीत, घनश्याम ने परिस्थितियों को दोष नहीं दिया। उसने अपनी स्थिति को समझा, स्वीकारा, और मेहनत जारी रखी। रात को होटल में काम करके वह अपनी जेबखर्च निकालता, और दिन में पूरी लगन से पढ़ाई करता। उसने सफल लोगों की किताबें पढ़ीं, उनके विचारों और आदतों को अपने जीवन में उतारा। उसने खुद को प्रोग्राम किया—जीत के लिए, उज्जवल भविष्य के लिए। परीक्षा में घनश्याम के अच्छे अंक आए। एक दिन चंदू का फोन आता है: "हेलो दोस्त! कैसा है?" "मैं तो बढ़िया हूँ," घनश्याम जवाब देता है, "तू कैसा है?" "मैं भी ठीक हूँ। पढ़ाई कैसी चल रही है?" "बहुत बढ़िया। तेरी?" "ठीक-ठाक चल रही है..."फोन कट हो जाता है। असल में चंदू फेल हो गया था। लेकिन उसने झूठ बोला। वो अब भी बुरे रास्तों में भटका हुआ था। नशा, आलस्य, समय की बर्बादी—सब कुछ उसकी जिंदगी का हिस्सा बन गया था। उसका भविष्य अंधेरे में डूब चुका था... लेकिन उसे इसका एहसास भी नहीं था। वहीं दूसरी ओर, घनश्याम हर दिन मेहनत करता गया। उसने दिमाग का सही इस्तेमाल किया, सोच को सही दिशा दी।

कुछ सालों बाद उसने एक बड़ी कंपनी खड़ी कर ली—अपना सपना पूरा किया। उसने सही मेहनत की, सही माइंडसेट रखा, और वही फल

उसे मिला। "जब आप किसी चीज को पूरी सच्चाई और समर्पण से चाहते हैं, तो पूरी कायनात आपको उससे मिलाने में लग जाती है।" घनश्याम ने अपने जीवन को इस सिद्धांत पर चलाया। अच्छी सोच, अच्छी आदतें, सही संगत, और आत्म-नियंत्रण—यही उसके जीवन की नींव बने। और चंदू...कॉलेज में फेल होने के बाद जल्दबाज़ी में शादी कर ली। अब परिवार, ज़िम्मेदारियाँ और रोज़मर्रा की उलझनों में फँसकर वह परेशान, निराश और थका हुआ जीवन जी रहा है। गलत आदतों, गलत लोगों और गलत फैसलों ने उसका जीवन तबाह कर दिया। अब वह अपने ही पुराने दोस्त घनश्याम की कंपनी में नौकरी करता है। उसे यह तो समझ आ गया कि जीवन को समय रहते नहीं सँवारा, तो पछताना ही बाकी रह जाता है।

सारांश: आपका जीवन आपके हाथ में है। आप जैसा सोचेंगे, वैसा बनेंगे। इसलिए सही सोचिए, सही करिए—और अभी से अपने जीवन को बेहतर दिशा दीजिए। "घनश्याम बनिए, चंदू नहीं!" "वर्तमान को निखारिए, भविष्य खुद संवर जाएगा।"जीवन एक खुली किताब है — घनश्याम ने उसे समझदारी से लिखा, चंदू ने उसे यूँ ही छोड़ दिया। अब फैसला तुम्हारा है — तुम अपनी किताब कैसे लिखना चाहते हो?" या, "अगर तुम घनश्याम जैसे बनना चाहते हो, तो अपने विचार, संगत, और मेहनत को बदलो — क्योंकि यही तय करेगा कि तुम्हारा नाम सफलता की कहानी में होगा या अफसोस की दास्तान में।"

23

वर्तमान ही जीवन है

इंसान अजीब है — ख़ुद ही सोचकर दुखी होता है और दोष किसी और को देता है। जब ये समझ आ जाए कि यह सोच ही उसके दुःख का कारण है, तभी जीवन में असली समझदारी आती है। इसीलिए कहता हूँ — ग़ज़ब बनो, समझदार बनो। तो आखिर जीवन है क्या? जीवन बस *यह क्षण है* — न अतीत, न भविष्य, सिर्फ *अब*। वर्तमान में जीने के लिए हमें अपने भीतर शून्यता लानी होती है। शून्यता यानी चिंता-रहित चेतना, केवल इस पल में जीना। जिसने इस रहस्य को जान लिया, वही वैज्ञानिक बना, वही सफल बना, वही जीवन को समझ सका। यही वह शक्ति है जिससे शांति, आनंद और महानता प्राप्त होती है।

जब आप किसी भी कार्य को पूरी एकाग्रता और शांत चित्त से करते हैं, तभी शून्यता की शक्ति का अनुभव होता है। मैंने भी यह पूरी किताब उसी शांत और वर्तमान चेतना से लिखी है — तभी यह इतनी गहराई से निकली है। आप भी यही कर सकते हैं। लेकिन हमारी दुनिया...? हममें से ज़्यादातर लोग या तो अतीत की पछतावे में जीते हैं या भविष्य की चिंता में।

"कल करेंगे, भविष्य में सोचेंगे, आगे चलकर होगा" — ये सब भ्रम हैं। *भविष्य का कोई ठोस अस्तित्व नहीं होता,* वो केवल एक मानसिक कल्पना है। हर "कल" एक दिन "आज" बन जाता है। हर "भविष्य"

वर्तमान में ही घटित होता है। जो कुछ भी आपने अभी तक किया, जो सोच रहे हैं, जो अनुभव कर रहे हैं — वह सब कुछ *वर्तमान* में ही हो रहा है। हँसना, रोना, साँस लेना, संघर्ष, खुशी, नृत्य, गाना, मेहनत — सब यहीं, इसी क्षण में हो रहा है। सच में सोचिए — क्या भविष्य नाम की कोई चीज़ है? वास्तविकता में नहीं। *जो आया ही नहीं उसकी चिंता क्यों?* हाँ, अपने सपनों को दिशा देना ज़रूरी है — *लेकिन वह भी आज, इसी पल में किए गए कर्मों से ही होगा। आज को बेहतरीन बनाइए — वही आपका भविष्य बन जाएगा। इसलिए, भविष्य की चिंता छोड़िए। यह केवल एक मानसिक धारणा है, एक भ्रम। जीवन केवल आज में है। यही पल, यही क्षण ही सत्य है।*

अगर आप हर रोज़ 'आज' को संवारेंगे, तो जीवन अपने आप सुंदर हो जाएगा। लेकिन यदि आप 'आज' को 'कल' पर टालते रहे, तो जीवन यूँ ही बीत जाएगा — और हाथ कुछ नहीं आएगा। मनुष्य की सबसे बड़ी गलतफहमी यही है — कि अतीत और भविष्य असली हैं। लेकिन अतीत तो गुज़र चुका है — उससे केवल सीख लीजिए। और भविष्य तो आया ही नहीं — उसकी चिंता करना छोड़ दीजिए। बस आज को अच्छा बनाइए, इस पल में पूरी तरह उपस्थित रहिए — यही जीवन है।

"जिया केवल वर्तमान में ही जाता है —
जो बीत गया, वह बीत गया।
जो अभी तक आया ही नहीं, उसकी चिंता कैसी?"

आपके सारे दुःख, भ्रम, डर — सब गलत धारणाओं से पैदा होते हैं।आप अपने ही जाल में फँसकर जीवन को जटिल बना लेते हैं। पर यदि आप आज को समझें, तो जीवन सरल, सुंदर और सार्थक हो जाएगा।

जो है, उसे स्वीकारिए।
जो है, उसी में आनंद पाइए।
जो है, उसका सही उपयोग कीजिए।
और जो नहीं है — उसकी चिंता मत कीजिए।

यही वर्तमान की समझ है। यही जीवन की सच्चाई है। और यही स्वमहारत की अगली सीढ़ी है। जीवन इस क्षण का नाम है;*"आप किस्मत पर क्यों भरोसा करते हैं?"* क्या आपने कभी गहराई से सोचा है

कि किस्मत वास्तव में होती भी है या नहीं? सच्चाई यह है: *अस्तित्व में किस्मत नाम की कोई चीज़ नहीं होती।* जो कुछ आप हैं, जो कुछ आप कर रहे हैं, और जहाँ आप आज खड़े हैं — वह सब आपकी *सोच, निर्णय, मेहनत* और *कर्मों* का ही परिणाम है। आपको जो कुछ भी मिला है — वह केवल और केवल *आपके कर्मों* का फल है। किस्मत की कहानी तो बस एक बहाना है, जो अक्सर हम अपनी असफलताओं को ढंकने के लिए बना लेते हैं।

स्वयं से एक प्रश्न पूछिए: *"क्या सच में किस्मत होती है?"* जवाब खुद ही मिल जाएगा — नहीं। वर्तमान ही जीवन है; आप कभी भी अतीत या भविष्य में जीवन नहीं जीते। जीवन केवल इस *क्षण* में जीया जाता है। लेकिन विडंबना यह है कि अधिकांश लोग इस *वर्तमान* को छोड़कर अतीत की पछतावों और भविष्य की चिंताओं में उलझे रहते हैं। उन्हें लगता है कि वे वर्तमान में जी रहे हैं — जबकि असल में वे *या तो बीते पलों में खोए होते हैं, या आने वाले समय की कल्पना में।* और इसी दौड़ में उनका *असली जीवन* — यही पल, यही क्षण — उनसे छूट जाता है।

सोचिए, यह कहाँ की समझदारी है? क्या जीवन भविष्य में है? क्या जीवन अतीत में है? नहीं! जीवन केवल *इस पल में* है — और यही *वास्तविकता* है। इसलिए, यदि आपने कोई गलती की है — तो उसे बार-बार मत दोहराइए। सीखिए, सुधरिए, और *वर्तमान* में श्रेष्ठतम कीजिए। यही तरीका है अपने जीवन को सुंदर बनाने का। वर्तमान में जीना सीखिए; अगर आप चाहते हैं कि आपका जीवन

शांत, सफल और सार्थक हो — तो नीचे दिए गए इन सूत्रों को अपने जीवन में उतारिए:

- भविष्य और अतीत की चिंता करना छोड़ दीजिए।
- वर्तमान को पूरी जागरूकता के साथ जिओ — जीवन सुंदर हो जाएगा।
- जो कुछ भी है — वह सब आज में ही है। इसे समझो और स्वीकार करो।
- जीवन इस क्षण का नाम है — इसलिए हर पल को जियो।

- जो करना है, वह *आज* ही करो — 'कल' का भरोसा मत रखो।
- अगर किसी ने बुराई की है, तो उसे क्षमा करके आगे बढ़ो।
- जो बीत गया — उससे सीखो और *अब* बेहतर करो।
- 'भविष्य में करूंगा' को छोड़ो — और आज से ही शुरू करो।
- जीवन हर क्षण बदल रहा है — इसलिए आप भी बदलना सीखिए।
- इस सोच में रहो: "जो हो रहा है, अच्छा ही हो रहा है — और जो होगा, अच्छा ही होगा।"
- शून्य बनो — बिना चिंता, बिना भीड़, बिना शोर — और ध्यान से जीवन को समझो।
- प्रकृति को समझो — उसका अनुसरण करो।
- प्रकृति में समय बिताओ — उससे जुड़ो।
- अकेले बैठो और स्वयं का विश्लेषण करो — आप क्या सोच रहे हैं, क्या कर रहे हैं।
- जो है, उस पर ध्यान दो — वही तुम्हारा सच है।
- जीवन की असली सच्चाई को जानो — और झूठे विश्वासों से बाहर आओ।

याद रखो: *आपका वर्तमान ही आपका भविष्य है।* अगर आपने *आज* को संभाल लिया — तो जीवन को संभाल लिया। लेकिन अगर आज को टालते रहे — तो जीवन हाथ से निकलता जाएगा।

24

जो है, उस पर ध्यान दो

एक छोटे से गाँव में *श्याम* नाम का एक सज्जन रहता था। उसका कोई परिवार नहीं था, फिर भी वह गाँव के हर व्यक्ति की भलाई के लिए हमेशा तैयार रहता। गाँव वाले उसे बहुत सम्मान देते थे। श्याम भी प्रसन्नता से जीवन जी रहा था। लेकिन एक दिन अचानक श्याम के जीवन में कुछ बदल गया। न जाने क्यों वह चिंता में डूब गया। उदासी, निराशा और बेचैनी उसकी मुस्कान को निगल गई। वह पहले जैसा प्रसन्न नहीं रहा। महीनों बीत गए लेकिन उसकी यह स्थिति नहीं बदली।

इसी बीच, पास के एक गाँव में एक सन्यासी आया। वह इतना ज्ञानी और अनुभवी था कि लोग कहते, "वह किसी की भी परेशानी एक पल में दूर कर देता है।" कैसे? यह किसी को नहीं पता, लेकिन हर कोई उससे लाभान्वित होता। गाँव वालों को जैसे ही यह बात पता चली, वे दौड़कर श्याम के पास पहुँचे और बोले, "श्याम भैया! पास के गाँव में एक सन्यासी आया है, अद्भुत ज्ञानी है। हमें लगता है आपको उसके पास ज़रूर जाना चाहिए।" श्याम ने कुछ सोचकर कहा, "ठीक है, मैं चलूँगा।"श्याम सन्यासी के पास पहुँचा। सन्यासी ने मुस्कराकर पूछा, "बोलो महानुभाव, क्या तकलीफ़ है?" श्याम बोला, "मुझे बस प्रसन्नता चाहिए, और वो हमेशा के लिए!" सन्यासी ने पूछा, "इसके बदले में आप

मुझे क्या देंगे?" श्याम बोला, "हज़ार सोने के सिक्के दूँगा!" सन्यासी मुस्कराया, "पूरे जीवन की प्रसन्नता सिर्फ इतने में? मुझे मंज़ूर नहीं!" श्याम बोला, "तो लो, दस हज़ार सिक्के!" लेकिन सन्यासी अब भी नहीं माना। आख़िरकार श्याम ने पूछा, "तो तुम्हें क्या चाहिए?" सन्यासी बोला, "मुझे तुम्हारा पूरा खज़ाना चाहिए!"

श्याम ने तुरंत सहमति दी, "ठीक है, मैं कल सारा खज़ाना लाऊँगा।" अगले दिन श्याम पूरा खज़ाना लेकर आया और सन्यासी को दे दिया। जैसे ही सन्यासी ने खज़ाना लिया, वह दौड़ पड़ा! श्याम हैरान और घबराया हुआ उसके पीछे दौड़ने लगा, "पकड़ो! पकड़ो! वो मेरा खज़ाना लेकर भाग गया!" गाँव वाले तमाशा देख रहे थे लेकिन कोई कुछ नहीं कर रहा था, क्योंकि सब जानते थे कि यह सन्यासी कुछ अलग ही करता है। सन्यासी जंगल की ओर भागा और एक बड़े पेड़ के पीछे छिप गया। श्याम थककर बैठ गया और सोचने लगा, "मुझे उस सन्यासी पर विश्वास नहीं करना चाहिए था... मेरा सारा खज़ाना चला गया!"

तभी, छिपा हुआ सन्यासी चुपके से खज़ाने की गठरी श्याम के पास रख देता है। जैसे ही श्याम अपनी गठरी पाता है, उसका चेहरा खुशी से खिल उठता है। वह नाचने लगता है, मुस्कराता है – पहली बार महीनों बाद! तभी सन्यासी सामने आता है और मुस्कराकर कहता है: "अब प्रसन्नता मिली?" श्याम बोला, "हाँ, बहुत मिली!" सन्यासी ने कहा, "देखो, यही प्रसन्नता पहले भी तुम्हारे पास थी – वही खज़ाना, वही जीवन। लेकिन तुम उसकी कद्र नहीं कर रहे थे। तुमने कभी ध्यान ही नहीं दिया कि तुम्हारे पास क्या है।

इसी तरह हम सब अपने जीवन में भी करते हैं। हम जो कुछ भी पास में है, उस पर ध्यान नहीं देते। हम सोचते हैं – कुछ और चाहिए, कुछ और बड़ा... और इस चक्कर में दुखी रहते हैं।"जीवन की सीख:"जो है, उस पर ध्यान दो।" हम सब श्याम की तरह ही हैं – जिनके पास खज़ाना है, लेकिन नज़र बाहर दौड़ती है। जब कुछ खोने का डर होता है या कुछ खो जाता है, तभी उसकी कीमत समझ आती है।

• वर्तमान में जो आपके पास है, उस पर ध्यान दो।

- उसे अच्छे से समझो, उसका सदुपयोग करो।
- चिंता छोड़ो, और जो है, उसका आनंद लो।
- अपने जीवन के इस क्षण को पूरी तरह जियो।
- *क्योंकि जीवन सिर्फ इसी पल का नाम है।*

25

जीवन की असली सायकोलॉजी को समझो

जीवन की असली *सायकोलॉजी* को समझना अत्यंत आवश्यक है। हम समाज में जो देखते हैं, जो सुनते हैं—उसे ही सत्य मान लेते हैं। लेकिन वास्तविकता इससे कहीं गहरी और भिन्न होती है।अक्सर हम समाज के डर से, लोगों को देखकर, उनके जैसा बनने की कोशिश करते हैं। हम अपनी असली पसंद, अपने स्वभाव, अपनी आत्मा की आवाज़ को भूल जाते हैं। जबकि हमें वही बनना होता है, जो वास्तव में हम हैं—वही करना होता है, जिसमें हमारा मन लगता है, जिससे हमें आनंद मिलता है।

जो व्यक्ति अपने अंदर की आवाज़ को सुनकर जीवन जीता है, वही असली सफलता को प्राप्त करता है। लेकिन समस्या यह है कि अधिकांश लोगों को ये ही नहीं पता होता कि *वे कौन हैं?* उनकी असली परिभाषा क्या है? जब तक हम स्वयं को नहीं समझते, तब तक जीवन को नहीं समझ सकते, और तब तक हम कभी भी सच्चे सुख और शांति में जीवन नहीं जी सकते।

'घनश्याम' नामक एक व्यक्ति, जो कई दिनों से भीतर ही भीतर परेशान था। उसे समझ नहीं आ रहा था कि जीवन को कैसे जिए। हर तरफ मुश्किलें ही नजर आती थीं। घनश्याम सोचता— "जीवन जीना आसान नहीं है।" पर उसके मन में एक तमन्ना थी—*सुख और शांति से जीने की।* एक दिन घनश्याम के मन में सवाल उठता है— "सुख और शांति से जीवन जीने का कोई तो रास्ता होगा?" इस प्रश्न के साथ घनश्याम दुनिया की यात्रा पर निकल पड़ता है। बहुत समय बीत गया, कई देश देखे, कई लोगों से मिला, लेकिन सुख और शांति अब भी दूर थे। घनश्याम सोचने लगा— "ये समाज भी दुखी है, तो मैं कैसे सुख से जी सकता हूँ? सारी दुनिया जन्म से मृत्यु तक सुख-शांति के पीछे भाग रही है, लेकिन उसे कभी *जी* नहीं पा रही। आखिर ऐसा क्यों?"

वह चिंतन करता है— "*बचपन में तो हर कोई आनंद में होता है, लेकिन जैसे-जैसे बड़े होते हैं, हम सुख-शांति को खोजना शुरू कर देते हैं। पढ़ाई करते हैं, शादी करते हैं, बच्चे पालते हैं, और फिर बुढ़ापे में बीमारियों से घिरे होते हैं। लेकिन सुख और चैन अब भी दूर ही रहते हैं।*" वह हँसते हुए सोचता है— "वाह! क्या गज़ब का संसार है!" वह कई ज्ञानी लोगों के पास गया, अनेक देशों में घूमता रहा, लेकिन उसे वह शांति नहीं मिली जिसकी उसे तलाश थी। अंततः थक-हार कर वह अपने गाँव लौट आता है। वहाँ आकर वह अपने पूरे जीवन का विश्लेषण करता है। वह सोचता है—"*बचपन तो बहुत अच्छा था, लेकिन फिर ऐसा क्या हुआ कि जीवन दुखों से भर गया?*"

इस प्रश्न को लेकर वह गाँव के बच्चों और बड़ों का गहराई से निरीक्षण करता है। तब उसे सच्चाई समझ में आती है— हर बड़ा व्यक्ति सिर्फ़ सुख और शांति के पीछे भाग रहा है, पर वास्तव में आनंद से नहीं जी रहा। हर कोई जीवन की मुश्किलों को देखकर परेशान है, जबकि बच्चे *सिर्फ जी रहे हैं—खुशी में, सरलता में, स्वाभाविकता में।* तो सवाल ये है—क्या हम भी ऐसे ही जीवन में खोए रहें, या फिर जीवन की असली सायकोलॉजी को समझें? क्या हम भी केवल दौड़ते रहें, या फिर रुककर अपने अंदर झाँकें? याद रखो, *सच्चा सुख और शांति बाहर नहीं, भीतर हैं।* वो तब ही मिलते हैं जब आप स्वयं को जानते हैं और अपने ही स्वभाव में

जीते हैं। जो हैं, वही बनो। जो हो, उसे जानो। यही है असली जीवन और यही है *स्वमहारत* की राह। लेकिन हर बच्चा अपने आप में लीन होता है, एकदम खुद से प्रीत जोड़कर, मग्न होकर जीवन का आनंद लेता है। यह कैसे हो सकता है? यह प्रश्न घनश्याम के मन में गहराई से उतर जाता है। वह सोचने लगता है—"जब हम बच्चे होते हैं, तब हमें अपनी बुद्धि के बारे में कुछ पता नहीं होता। तब हम केवल मन से जीते हैं। जो अच्छा लगता है, वही करते हैं। न भविष्य की चिंता, न अतीत की उलझन—हर पल को जीते हैं, जैसे वह पल ही सब कुछ हो।"

घनश्याम हँसते हुए सोचता है, "*कभी-कभी तो हम माँ की गोद में ही सुसू कर देते हैं, और हमें कोई संकोच नहीं होता। हम जो कुछ भी हैं, उसे पूरी तरह प्रकट कर देते हैं।*" बचपन में हम मस्ती, आनंद और सहजता से भरपूर जीवन जीते हैं। फिर जैसे-जैसे बड़े होते हैं, जीवन में जटिलताएँ आने लगती हैं। घनश्याम सोचता है—"*यह बदलाव क्यों आता है? क्यों जैसे ही हम बड़े होते हैं, जीवन में दुख, तनाव और उलझनें घिरने लगती हैं?*" उसे उत्तर मिलता है—"क्योंकि जैसे ही हम बड़े होते हैं, हमारे साथ जुड़ जाती है बुद्धि। हम सोचने लगते हैं—क्या सही है, क्या गलत? और इस सोच के साथ शुरू होता है असली संघर्ष।"

अब घनश्याम को समझ में आने लगता है कि जीवन का सारा खेल मन, बुद्धि और विश्वास का है। वह अपने भीतर झाँकता है और फिर बाहरी दुनिया को छोड़कर प्रकृति के नियमों की ओर मुड़ता है। वह गहराई से अध्ययन करने लगता है—मस्तिष्क की शक्ति, चेतना की परतें, और उस अद्भुत रहस्य को जिसे सामान्य मनुष्य जानने की कोशिश तक नहीं करता। मनुष्य और सुपर कॉन्शियस माइंड घनश्याम को यह गूढ़ सत्य ज्ञात होता है कि— जब हम जन्म लेते हैं, तब हम 'सुपर कॉन्शियस माइंड' की अवस्था में होते हैं। इस अवस्था में अपार शक्ति, आनंद, उत्साह और सहजता होती है। इसीलिए बच्चा स्वाभाविक रूप से खुश और आनंदमय होता है। और जो व्यक्ति इसी सुपर कॉन्शियस माइंड की दिशा में जीता है, उसे जीवन में सबकुछ प्राप्त होता है—वैभव, सुख, शांति, सफलता और आनंद।

वह समझता है कि संसार के महान व्यक्तित्व—एडिसन, आइंस्टाइन, रफी साहब, अमिताभ बच्चन, सचिन तेंदुलकर, बिल गेट्स, अम्बानी—सभी ने अपनी चेतना को गहराई में जाकर विकसित किया। उन्होंने अपने मन की गहराई में प्रवेश कर उस शक्ति को जिया। और जो व्यक्ति उस *अल्टीमेट माइंड* तक पहुँच जाता है, वह स्वयं ईश्वरत्व को प्राप्त कर लेता है। जैसे—कृष्ण, बुद्ध, महावीर, राम, ईसा। बाहर नहीं, सबकुछ भीतर है, घनश्याम को अब समझ आता है— हम जो भी सुख, सफलता, शांति और आनंद बाहर खोजते हैं, वह सब हमारे भीतर ही है। लेकिन हम बाहरी दुनिया की दौड़ में उलझ जाते हैं और अपने भीतर की शक्ति को अनदेखा कर देते हैं।

हमारा मन तीन परतों में बँटा होता है—सबकॉन्शियस, अनकॉन्शियस और कॉन्शियस माइंड। और इन सबसे ऊपर होता है—सुपर कॉन्शियस माइंड। परंतु, हम ऊपर-ऊपर की बुद्धि और अहंकार में उलझे रहते हैं और उस गहराई तक नहीं पहुँच पाते जहाँ जीवन की सच्चाई छुपी है। इसलिए हमारा जीवन भय, चिंता, दुख और असफलता से भर जाता है। जब हम इन तीनों सतही परतों में ही जीवन जीते हैं, तो जीवन में स्थायी आनंद असंभव हो जाता है।

ब्रह्मचर्य: आत्म-शक्ति का प्रवेश द्वार अब घनश्याम को यह भी समझ में आता है कि— सुपर कॉन्शियस माइंड की ओर यात्रा का एकमात्र मार्ग है "ब्रह्मचर्य"। यह केवल यौन संयम नहीं, बल्कि ब्रह्म जैसे चरित्र, ब्रह्म जैसी सोच, ब्रह्म जैसी दृष्टि का जीवन है। यह मार्ग कठिन लगता है, लेकिन वास्तव में सरल है—यदि हम ईमानदारी से इसका पालन करें। जब व्यक्ति ब्रह्मचर्य का पालन करता है, तब उसका जीवन शुद्धता, आनंद, ऊर्जा और दिव्यता से भर जाता है। जीवन की कठिनाइयाँ भी सरल प्रतीत होने लगती हैं, क्योंकि तब हम *प्राकृतिक नियमों* के अनुरूप जीने लगते हैं। अब घनश्याम को सारा रहस्य समझ में आ जाता है। वह मन में सोचता है—"अरे! जो मैं जीवनभर बाहर खोजता रहा, वह सब मेरे ही अंदर था।" वह हँसता है—*"क्या ग़ज़ब का खेल है जीवन का!"* सारी दुनिया सत्य को जाने बिना बाहरी चीज़ों में सुख-शांति ढूँढ रही है। जबकि वह सब हमारे ही अंदर है—सफलता,

वैभव, आनंद, प्रेम, ईश्वर—सब कुछ। लेकिन बुद्धि और अहंकार के कारण हम स्वयं को ही नहीं पहचान पाते। अब घनश्याम जान चुका है कि— जीवन जीना वास्तव में सरल है। मुश्किल केवल तब होती है जब हम जीवन के नियमों को नहीं जानते। थोड़ी सी तपस्या, थोड़ी सी जागरूकता और सही दिशा का ज्ञान—यही जीवन को आसान और सुंदर बना देता है।

घनश्याम की मुस्कान; अब घनश्याम हर क्षण को आनंद में जीता है। वह स्वयं से प्रेम करता है, जीवन से जुड़ गया है। उसकी आँखों में आँसू हैं, पर ये आँसू दुख के नहीं—*आत्म-बोध के हैं, परम सुख के हैं*। वह मुस्कुराते हुए आकाश की ओर देखता है और जीवन से कहता है—"धन्यवाद!"

सार: हम बिना कारण स्वयं को कष्ट देकर जीते हैं। जबकि जीवन की संपूर्ण सच्चाई और सुंदरता हमारे ही भीतर है। हमें केवल अंदर देखना है—वहाँ सब कुछ है।

जीवन को व्यर्थ न जाने दें, उसका प्रेम, आनंद और रहस्य पूरी तरह जिएँ।

26

सफल इंसान का राज

सफल लोगों के जीवन में कोई जादुई रहस्य नहीं होता। वे बस हर काम को एक अलग दृष्टिकोण से करते हैं। वे जीवन के सार को समझते हैं, मानवता के मूल्यों को अपनाते हैं, और वास्तव में इंसानियत को जीते हैं। यही कारण है कि वे सफल हैं। लेकिन अधिकतर लोग असफल इसीलिए होते हैं क्योंकि उन्हें सही कार्य कैसे करना है, यह समझ ही नहीं आती। सफलता का कोई रहस्य नहीं है—यह तो कुछ विशेष आदतों, सोच और निरंतर प्रयासों का परिणाम है।

सफल लोग इन सिद्धांतों को अपनाते हैं:

- सीखना कभी बंद नहीं करते: जीवन में हमेशा कुछ नया जानने की गुंजाइश होती है।
- काम को टालते नहीं: वे कल पर भरोसा नहीं करते, आज ही का उपयोग करते हैं।
- खुद को मूल्यवान बनाते हैं: हर दिन अपने जीवन का मूल्य सौ गुना बढ़ाते हैं।
- खुद को क्षमा करना जानते हैं: वे अपनी गलतियों को स्वीकार कर उनसे सीखते हैं।

- पूर्ण गति से आगे बढ़ते हैं: अपने कार्यक्षेत्र में वे यह नहीं सोचते कि दूसरे क्या कहेंगे, वे बस पूरी ऊर्जा से लग जाते हैं।
- विश्वास के साथ आगे बढ़ते हैं: इंसान वही बनता है जिस पर उसका विश्वास होता है।
- भाग्य पर नहीं, मेहनत पर भरोसा करते हैं: किस्मत नहीं, मेहनत ही उन्हें महान बनाती है।
- हमेशा अगले कदम की तैयारी रखते हैं: वे भविष्य पर केंद्रित रहते हैं और हर समय अगला कदम सोचते हैं।
- शर्मिंदा नहीं होते: गिरना उन्हें कमजोर नहीं बनाता, बल्कि चलने की दिशा देता है।
- नजरिया बदलते हैं: नजरिया बदलते ही उनका भविष्य बदलने लगता है। वे वहीं रुकते नहीं, जहाँ हैं—बल्कि आगे बढ़ते रहते हैं।
- उद्देश्यपूर्ण जीवन जीते हैं: उनका जीवन उद्देश्य से भरा होता है और उन्हें अपनी काबिलियत पर भरोसा होता है।
- जिम्मेदारी लेते हैं: वे दूसरों को दोष नहीं देते, बल्कि अपने कार्यों की पूरी जिम्मेदारी उठाते हैं।
- लक्ष्य से जुड़े रहते हैं: उनका ध्यान लक्ष्य से कभी भटकता नहीं।
- सही नजरिया रखते हैं: वे नकारात्मकता से दूर रहते हैं और सकारात्मक दृष्टिकोण अपनाते हैं।
- भीतर से मजबूत होते हैं: बाहरी दिखावे से अधिक, उनकी आंतरिक शक्ति उन्हें सफल बनाती है।
- हर दिन एक नई शुरुआत करते हैं: वे हर दिन को एक नया अवसर मानते हैं।
- चरित्र को प्राथमिकता देते हैं: उनका चरित्र उनके निर्णयों का आधार होता है।
- समस्या को समझते हैं, फिर निर्णय लेते हैं: वे भावनाओं में बहकर नहीं, सोच-समझकर निर्णय करते हैं।
- सफल लोग विकास की प्रक्रिया को निरंतर बनाए रखते हैं:
- जीवन में विकास को अपनाते हैं: केवल ज़िंदा रहने से जीवन सार्थक नहीं होता, विकास ज़रूरी है।

- मन की खुराक का ध्यान रखते हैं: वे जानबूझकर अपने मस्तिष्क को सकारात्मक विचारों से पोषित करते हैं, जिससे उनकी सोच सशक्त बनी रहती है।

- अपने व्यक्तित्व को निरंतर बेहतर बनाते हैं: सफल लोग जानते हैं कि आत्मविकास की कोई अंतिम सीमा नहीं होती। वे हर दिन अपने भीतर के व्यक्ति को पहले से बेहतर बनाने का प्रयास करते हैं।

- अंत तक लड़ते हैं: यदि आप ज्ञान प्राप्त करते रहेंगे, तो जीवन जीने योग्य बनेगा। ज्ञान की प्यास कभी बुझने न दें। आने वाले खतरों को पहचानें, उनसे सीखें और जीवन को गहराई से समझें। अपनी शिक्षा को केवल डिग्री न बनने दें, उसे जीवन में क्रियाशील बनाएं। और प्रयास केवल एक बार नहीं, बार-बार करें — अंत तक लड़ें और आगे बढ़ते रहें।

- अच्छी आदतें अपनाते हैं: वे जानते हैं कि बड़ी सफलताएं छोटी आदतों से बनती हैं। इसलिए वे खुद में सकारात्मक बदलाव लाते हैं।

- अपना भाग्य खुद लिखते हैं: भाग्य उनके लिए कोई रहस्य नहीं, बल्कि कर्म और निरंतर प्रयास का परिणाम है। वे खुद अपनी तकदीर गढ़ते हैं।

- छोटी-छोटी बातों पर ध्यान देते हैं: छोटी आदतें बीज के समान होती हैं। समय के साथ वे विशाल वृक्ष बन जाती हैं, जो जीवन में हजारों सफलताओं के फल देती हैं। वे जानते हैं कि एक दिन में कुछ नहीं बदलता, पर हर दिन कुछ न कुछ बदलना जरूरी है।

- अपनी सोच पर ध्यान देते हैं: वे अपने विचारों की रक्षा करते हैं। वे जानते हैं कि जैसा सोचते हैं, वैसा ही जीवन बनता है।

- वर्तमान में जीते हैं: सफल लोग अतीत पर पछताते नहीं और भविष्य की चिंता में नहीं उलझते। वे "अभी" में जीते हैं — पूरी उपस्थिति के साथ।

- दूसरों में रुचि लेते हैं: उनकी सफलता का एक बड़ा रहस्य है — वे सामने वाले की दृष्टि और मानसिकता को समझते हैं। वे किसी भी स्थिति को केवल अपनी नजर से नहीं, दूसरों की दृष्टि से भी देखने का प्रयास करते हैं।खुद को अच्छी तरह जानते हैं: वे खुद को

पहचानते हैं, अपनी कमजोरियों को स्वीकारते हैं और उन्हें सुधारने के लिए सक्रिय रहते हैं। वे खुद को समझना ही आत्मविकास की शुरुआत मानते हैं।

- अपने दुख का कारण खुद नहीं बनते: वे दूसरों को दोष देने की बजाय अपनी जिम्मेदारी लेते हैं और अपने भावनात्मक जीवन को खुद संतुलित करते हैं।

- आशावादी होते हैं: वे हर परिस्थिति में संभावना देखते हैं। उनके भीतर उम्मीद की लौ कभी बुझती नहीं।

- "असंभव" को स्वीकार नहीं करते: सफलता उन्हें मिलती है जो सफलता के बारे में जागरूक रहते हैं, न कि

- असफलता के बारे में। उनके लिए असंभव शब्द बस एक चुनौती है।

- जीवन में लक्ष्य के साथ आगे बढ़ते हैं: बिना लक्ष्य के जीवन भटकाव है। वे हमेशा एक स्पष्ट उद्देश्य के साथ आगे बढ़ते हैं।

- दीर्घकालीन सोच रखते हैं: वे तात्कालिक लाभ से ज़्यादा दीर्घकालिक सफलता पर ध्यान देते हैं।

- अनुशासित रहते हैं: आत्म-अनुशासन वही गुण है, जिससे वे वह करते हैं जो जरूरी है — भले ही उसे करने का मन न हो। यही उन्हें दूसरों से अलग बनाता है।

- "सभी सफल व्यक्तियों की पहचान है, लगातार प्रयत्नशील रहना। शाश्वत पीड़ा सहने की कला ही बुद्धिमानी है। सभी महान उपलब्धियाँ — अत्यधिक सावधानी, असीम धैर्य, और छोटी से छोटी बातों को आत्मसात करने की आदत से ही प्राप्त होती हैं।"

- जोखिम उठाने से नहीं डरते: वे जानते हैं कि बिना जोखिम के कुछ भी बड़ा संभव नहीं। भाग्य साहसी लोगों का साथ देता है, डरे हुए लोगों का नहीं।केंद्रित होकर जीते हैं: उनका मन एकनिष्ठ होता है। वे अपनी ऊर्जा को बिखरने नहीं देते, बल्कि एक ही दिशा में केंद्रित करते हैं।

- हमेशा किताबें साथ रखते हैं: वे जानते हैं कि समय सीमित है, और ज्ञान असीमित। इसलिए वे हर अवसर पर पढ़ते हैं, सीखते हैं और खुद को समृद्ध करते हैं।

- शांत रहते हैं: सफल लोग शांति को अपनी शक्ति बनाते हैं। वे प्रतिक्रिया देने से पहले सोचते हैं और भीतर से संतुलन बनाए रखते हैं।

- अपने आप को महत्व देते हैं: वे स्वयं को कम नहीं आंकते। आत्म-सम्मान उनके व्यक्तित्व की जड़ होता है।

- अच्छी चीज़ों को स्वीकार करते हैं: वे खुले दिल से अच्छाई को अपनाते हैं — चाहे वह किसी से मिले या जीवन के अनुभव से।

- खुद से प्रेम करते हैं: जितना अधिक आप स्वयं को सराहते हैं, कठिन समय में अपने लिए खड़े होते हैं, और खुद को पसंद करते हैं — उतना ही आपका अपने आप से रिश्ता गहराता जाता है। आत्म-प्रेम आत्म-विकास का पहला कदम है।

- खुद को सीमाओं में नहीं बांधते: हर बार जब आप खुद पर "यह नहीं हो सकता" का ठप्पा लगाते हैं, तो आप अपनी संभावनाओं के द्वार बंद कर देते हैं। इसलिए बड़ी सोच रखें और अपनी सीमाओं को विस्तार दें।

- सफलता की आदतें अपनाते हैं: सफलता किसी रहस्य का परिणाम नहीं होती, बल्कि वह कुछ विशेष और सरल आदतों का अभ्यास है — जिसे निरंतरता और समर्पण से अपनाया जाता है।

- अहंकारी नहीं होते: वे विनम्र रहते हैं, क्योंकि उन्हें पता है कि घमंड विकास को रोक देता है और सीखने की शक्ति छीन लेता है। मानसिक रूप से सशक्त रहते हैं: उनका मन सदैव ऊँचाई पर होता है। वे मानसिक स्तर पर खुद को कमजोर नहीं पड़ने देते — वे हर परिस्थिति को चुनौती की तरह लेते हैं।

- मेहनत पर भरोसा करते हैं: वे जानते हैं कि तकदीर उन्हीं की बनती है, जो मेहनत करते हैं। वे इंतजार नहीं करते, वे निर्माण करते हैं। परिश्रम ही उनका भाग्य है।

- स्वास्थ्य को प्राथमिकता देते हैं: वे जानते हैं — *स्वास्थ्य ही सबसे बड़ा धन है।* मानसिक और शारीरिक दोनों स्वास्थ्य उनका आधार हैं।

- सदैव कृतज्ञ रहते हैं: वे हर परिस्थिति में धन्यवाद करना जानते हैं। कृतज्ञता उन्हें आनंद से भर देती है।

- अकेले रहना और अकेले खड़े होना जानते हैं: वे दूसरों के साथ सामंजस्य रखते हैं, परंतु अपनी आत्मा के साथ

- जुड़कर अकेले खड़े होने का साहस भी रखते हैं। वे अकेले में भी पूर्ण होते हैं।

- आलस्य से दूर रहते हैं: वे जानते हैं कि आलस्य सफलता का सबसे बड़ा शत्रु है। वे हर पल को जागरूकता से जीते हैं।

- मानव संबंधों को मजबूत करते हैं: वे संबंधों को केवल औपचारिकता नहीं मानते, बल्कि दिल से निभाते हैं। उनके संबंध विश्वास, प्रेम और समझदारी पर टिके होते हैं।

- अपने मन को गहराई से समझते हैं: वे अपने मन के स्वभाव को पहचानते हैं — उसके उतार-चढ़ाव, चालाकियों और सीमाओं को। यही उन्हें आत्म-नियंत्रण सिखाता है।

- छोटी-छोटी कोशिशें करते हैं: सफलता कोई एक बड़ा कदम नहीं है, बल्कि निरंतर छोटे-छोटे प्रयासों का परिणाम है। वे जानते हैं — "हर दिन थोड़ा-थोड़ा करते रहना ही महानता की राह है।" खुलकर जीते हैं: वे अपने जीवन को संकोच में नहीं, विस्तार में जीते हैं। वे अपने विचारों, भावनाओं और कार्यों में स्वतंत्र होते हैं।

- अपने गुणों को निखारते हैं: गुण सभी में होते हैं, लेकिन श्रेष्ठ वही होता है जो अपने गुणों का उपयोग जानता है। वे

- अपने अच्छे गुणों को पहचानते हैं, उन्हें तराशते हैं और श्रेष्ठ कार्यों में लगाते हैं।

यदि आप जीवन में सफल होना चाहते हैं, तो इस पुस्तक में बताए गए सिद्धांतों और नियमों को अपनाना होगा। यह कोई कठिन रास्ता नहीं है, बल्कि यह वह मार्ग है, जिसे हर महान व्यक्ति ने अपने जीवन में चलकर सिद्ध किया है। आपका जीवन बदल सकता है — बस जरूरत है निरंतर प्रयास, आत्म-ज्ञान और सही दिशा की।

৩০

27

'मन और बुद्धि'

सफल व्यक्ति जीवन की गहराई को केवल बाहरी दिखावे या सूझबूझ से नहीं, बल्कि आत्म-ज्ञान और आंतरिक समझ से प्राप्त करता है। उसे स्पष्ट होता है कि – *बुद्धि* और *मन* दो अलग-अलग शक्तियाँ हैं, और इन्हें समझना आत्म-विकास का मूल है। बुद्धि क्या है? बुद्धि हमारे *शरीर से जुड़ी होती है। यह दृश्य जगत को देखती है — जो कुछ हम आँखों से देखते, कानों से सुनते, त्वचा से महसूस करते, जीभ से स्वाद लेते हैं* — यह सब बुद्धि के अनुभव हैं।

- बुद्धि का कार्य है विचार करना, प्लानिंग करना, तर्क करना, और निर्णय लेना।
- बुद्धि हमेशा अच्छा-बुरा, लाभ-हानि, तेरा-मेरा, पाप-पुण्य जैसे द्वंद्वों में उलझी रहती है।
- समाज, संस्कृति, शास्त्र, ज्ञान-विज्ञान — ये सभी बुद्धि की ही उपज हैं।

बुद्धि के कुछ मुख्य गुण हैं:

- यह अनुभव से सीखती है, पर हमेशा नियमों से नहीं चलती।
- यह स्वार्थ को पहले देखती है — लाभ कहाँ है, नुकसान कहाँ है, ये सोचती है।
- इसमें मेमोरी होती है — जो कुछ भी याद रखा जाता है, वह बुद्धि के स्तर पर होता है।
- यह हमेशा दूसरों से प्रभावित होती है और दूसरों को प्रभावित करती है।
- बुद्धि में अहंकार होता है और सीमित रचनात्मकता होती है।
- यह हजारों इच्छाओं, जरूरतों और बंधनों में उलझी रहती है।

सबसे महत्वपूर्ण बात यह है: बुद्धि कई बार 'मन' को भी दबाकर रखती है, उसकी सहज शक्तियों को अवरुद्ध कर देती है। मन क्या है? मन एक *अदृश्य शक्ति* है, इसका कोई भौतिक अस्तित्व नहीं होता — लेकिन यह हमारे जीवन की हर अनुभूति की जड़ है। *सुख-दुख, तनाव, प्रेरणा, सफलता-असफलता — सब मन की ही उपज हैं।*

- मन *अदृश्य जगत* को देखता है, जहाँ से महान विचार, कल्पनाएँ, और आविष्कार जन्म लेते हैं।
- मन की कोई भाषा नहीं होती, पर यह सही-गलत को सहजता से जानता है।
- मन *कुदरत के नियमों* के अनुसार चलता है — यह *आत्मा* के सबसे निकट होता है।
- मन में *अपार शक्ति* है, लेकिन जब बुद्धि हावी हो जाती है, तब यह शक्ति दब जाती है।

मन के विशेष गुण:

- मन में ज्ञान पहले से होता है, पर वह *छिपा* रहता है — जिसे जाग्रत करना ही साधना है।

- जिसने मन को *जान लिया*, उसने स्वयं को जान लिया — और यही सच्ची सफलता की कुंजी है।

- मन की शक्ति से ही महान लोग बने — जिन्होंने भीतर झाँक कर उस स्रोत को पहचाना।

- मन सबमें *एक समान* होता है, कोई भेद नहीं — पर समझ हर किसी की अलग होती है।

- जब तक मन को *समझा* नहीं जाएगा, तब तक कोई भी व्यक्ति *सच्ची शांति* प्राप्त नहीं कर सकता।

"बुद्धि सोचती है, पर मन जानता है। बुद्धि सीमित है, पर मन अनंत है।" जब व्यक्ति अपने मन और बुद्धि के अंतर को समझ जाता है, तभी वह जीवन को सही दिशा दे पाता है। बुद्धि उपयोगी है, लेकिन मन आवश्यक है। बुद्धि से हम व्यवस्था बनाते हैं, लेकिन मन से हम सृजन करते हैं।

इसलिए यदि आप सफल बनना चाहते हैं, तो केवल बुद्धिमान नहीं — *मनस्वी* बनिए। *मन का ज्ञान ही सच्चा आत्मज्ञान है।* हम *मन* को पूरी तरह जान नहीं पाते, क्योंकि यह अपने नियमों पर चलता है — यह बुद्धि की तरह सीमित नहीं, बल्कि एक *स्वतंत्र और मौलिक शक्ति* है। मन प्रकृति के नियमों के अनुसार कार्य करता है। वह भावों का समंदर है, जहाँ हर लहर एक गहराई लिए होती है।

मन ब्रेन को कंट्रोल करता है, जबकि बुद्धि ब्रेन की उपज होती है। मन में पहले से ही *ज्ञान का भंडार* होता है, लेकिन जब हम बाहर से केवल सूचनाएँ लेते हैं और उसी में उलझ जाते हैं, तो यह आंतरिक ज्ञान कुंठित हो जाता है। मन की शक्ति बाहर नहीं आ पाती — और यही कारण है कि बहुत से लोग असफल हो जाते हैं।

मन की विशेषताएँ

- मन, बुद्धि जैसा सोचता नहीं — क्योंकि उसे पहले से ही सब पता होता है।
- जितने भी महान आविष्कार, कला, रचनाएँ, और खोजें इस दुनिया में हुई हैं — वे सभी *मन की उपज* हैं, न कि केवल बुद्धि की।
- जो भी सफल हैं, जो भी अपने क्षेत्र में चमके हैं — वे *मन के बल से ही चमके हैं।*

मन अपने आप में एक बादशाह है — जो इसे नहीं पहचान पाया, वह जीवन में साहस नहीं कर सकता। मन शक्ति देता है, ऊर्जा देता है, जीवन देता है। वह खुलकर जीता है, किसी बंधन में नहीं बंधता। मन भावनाओं की गहराई से जुड़ा होता है — उसमें क्रिएटिविटी होती है, रचना होती है, सृजन की शक्ति होती है। जब मन से जीते हैं... आपने अनुभव किया होगा — कभी जब आप किसी काम में पूरी तरह डूब जाते हैं, तो समय का पता ही नहीं चलता। यह *मन से किया गया कार्य* होता है। ऐसे क्षणों में आप अपनी श्रेष्ठता के सबसे करीब होते हैं।

मन को ज़रूरतें नहीं होतीं, वह क्षण में जीता है।

- मन की कोई मेमोरी नहीं होती — उसका महत्व सिर्फ "*अभी*", "*इस पल*" में होता है।
- मन सदा जीवन का भला चाहता है, लेकिन बुद्धि की सीमाओं के कारण वह दब जाता है।

मन खुलकर जीना चाहता है — सुख, शांति, और सफलता की ओर बढ़ना चाहता है। लेकिन जब बुद्धि उसे रोकती है, तब वह सिसकने लगता है — और मनुष्य *हजारों बंधनों में* बंध जाता है। मन की शक्ति के उदाहरण; "मन ने जिन्हें छुआ, वे असंभव को भी संभव कर गए।" आज जो लोग दुनिया में महान बने — वे किसी डिग्री, सर्टिफिकेट या स्कूल के कारण नहीं, बल्कि *मन की शक्ति* के कारण बने।

कुछ उदाहरण:

- राइट बंधु — पढ़े-लिखे नहीं थे, लेकिन मन की शक्ति से विमान बना डाला।
- थॉमस एडिसन — हज़ार बार असफल हुए, लेकिन अंततः अविष्कारों के जनक बने।
- कालिदास — अनपढ़ थे, लेकिन संस्कृत के अमर कवि बन गए।
- कबीर — जिनके दोहे आज भी आत्मा को छूते हैं, वे भी औपचारिक शिक्षा से दूर थे।
- आइंस्टीन — जिनके सिद्धांतों ने ब्रह्मांड को समझने का द्वार खोला, वे भी पारंपरिक शिक्षा में असफल थे।
- सचिन तेंदुलकर — 10वीं कक्षा में फेल हुए, लेकिन *क्रिकेट के भगवान* बने।

इन सभी में एक चीज़ समान थी — *उनका मन जागा हुआ था।* और जब मन जागता है, तो जीवन में चमत्कार घटते हैं। "जीवन का सारा रहस्य, सारा ज्ञान — मन में छुपा है।" इसलिए आज से मन को पहचानिए। उसकी शक्ति को जगाइए। बुद्धि को साधकर, *मन के द्वार तक* पहुँचिए। क्योंकि वहाँ — आपका असली सामर्थ्य, आपका आत्मा से जुड़ा हुआ 'स्वमहारत' छिपा है।

28

इरादे की शक्ति - आपकी सबसे बड़ी पूँजी

जब हम जीवन में आगे बढ़ते हैं, तो हमारे सामने कई प्रकार की कठिनाइयाँ आती हैं। ऐसे मुश्किल समय में स्वयं को संभालना अत्यंत आवश्यक होता है। जब मन में नकारात्मकता और भय घर कर लेते हैं, तब उनसे बाहर निकलने के लिए हमें किसी बाहरी सहायता की नहीं, बल्कि अपने अंदर की छुपी शक्ति की आवश्यकता होती है। अक्सर हम इस सत्य को नहीं समझते कि हर समस्या का समाधान, हर संघर्ष को जीतने की शक्ति हमारे भीतर ही होती है। और इस शक्ति का नाम है – *इरादे की शक्ति*। इरादे की शक्ति एक अदृश्य लेकिन असीमित ऊर्जा है, जो हमें गिरने से रोकती है, भय से बाहर निकालती है, और आत्मविश्वास से भर देती है। यह वह शक्ति है जो हमें आत्म-नियंत्रण, स्पष्ट सोच और जीवन की दिशा में आगे बढ़ने की प्रेरणा देती है। इरादे की शक्ति कैसे काम करती है? जब हम जीवन में कोई लक्ष्य तय करते हैं, तो इरादा ही वह आंतरिक संकल्प होता है जो हमें उस लक्ष्य तक पहुँचाता है। कठिनाइयाँ, बहाने, भय और नकारात्मक विचार – ये सब

रास्ते में आते हैं, लेकिन *मजबूत इरादा* इन सबको पार करने का बल देता है।

- सच्चे इरादे से जुड़ने के लिए आवश्यक है:
- स्वयं के प्रति प्रेम और विश्वास
- आत्म-अनुशासन और स्पष्ट सोच
- कर्म के प्रति श्रद्धा और कार्य में समर्पण

जब हम दिल से किसी कार्य के लिए संकल्प लेते हैं और उसमें विश्वास रखते हैं, तो हमारी सारी आंतरिक शक्तियाँ एकजुट होकर हमारी सहायता करती हैं। उस समय कोई भी बाहरी परिस्थिति हमें रोक नहीं सकती। इरादा और प्रेम का संबंध; प्रेम वह शक्ति है जो इरादे को पोषित करती है। जब हम खुद से प्रेम करते हैं, तो हम अपने भीतर की शक्ति को पहचानने लगते हैं। इस प्रेम से उत्पन्न हुआ इरादा हमें उत्साह, रचनात्मकता और आनंद की ओर ले जाता है। जैसे हम ईश्वर के प्रति पवित्र भाव रखते हैं, उसी तरह जब हम अपने कार्य, अपने लक्ष्य और अपने जीवन के प्रति प्रेमभाव रखते हैं, तो वह कार्य ईश्वरीय इच्छा के अनुसार सफल होता है।

इरादे की शक्ति को अपनाने के कुछ सूत्र;

1) दूसरों के लिए भी वैसा ही चाहो, जैसा अपने लिए चाहते हो;

प्रकृति का नियम बड़ा गूढ़ है – जब हम दूसरों के लिए भला चाहते हैं, तो प्रकृति हमारे लिए अनुकूल परिस्थितियाँ स्वयं रच देती है। जब आप किसी की मदद करते हैं, आपको आंतरिक प्रसन्नता मिलती है। यही *कर्म का सूक्ष्म नियम* है – दूसरों को देने से ही हमें प्राप्त होता है। इसलिए आज से विचारों की शक्ति से सबका भला चाहो। दूसरों के लिए दुआ

माँगने से आपके जीवन में चमत्कारी बदलाव आएँगे। याद रखें – प्रकृति कभी किसी का ऋण नहीं रखती।

2) *अंत से सोचो;*

अंत से सोचने का अर्थ है – जिस लक्ष्य को आपने तय किया है, उसे पहले से ही पूर्ण हुआ मानो। यदि आप किसी घर, वाहन या स्थिति की आकांक्षा रखते हैं, तो यह मानिए कि वह चीज़ आपको मिल चुकी है। उसे महसूस कीजिए, उसकी अनुभूति कीजिए। जब आप इस प्रकार से सोचते हैं, तो आपका मन प्रसन्न रहता है, आत्मा आनंदित रहती है और आप उस लक्ष्य की ओर और भी दृढ़ता से बढ़ते हैं। यह तकनीक गहरी श्रद्धा और विश्वास से काम करती है। इसे अपनाइए और चमत्कार अनुभव कीजिए।

३) *सराहना बनो;*

जीवन में हमेशा अच्छाई को देखना सीखिए। *सराहना* का अर्थ है – प्रेमपूर्वक प्रशंसा करना। जब आप प्रेम की दृष्टि से जीवन को देखते हैं, तो आप एक ऐसा खजाना प्राप्त करते हैं जो कभी समाप्त नहीं होता। इस जीवन को व्यर्थ नहीं करना है, बल्कि इसे *उत्साह* के साथ जीना है। अकेले चलना संभव नहीं, इसलिए सबको साथ लेकर चलिए। दूसरों की प्रशंसा कीजिए, उनकी सराहना कीजिए – यही सकारात्मक ऊर्जा आपको वापस मिलती है। कभी-कभी किसी की छोटी-सी प्रशंसा भी उसके जीवन में प्रेरणा बन जाती है। और यही सराहना आपकी छवि को भी बेहतर बनाती है। इसलिए, देने वाले बनिए, प्रेरणा देने वाले बनिए – प्रकृति आपको असीम रूप से लौटाती है।

४) अपने ‘स्रोत ऊर्जा’ से जुड़िए;

'स्रोत ऊर्जा' यानी वह *सुप्रीम पॉवर*, जिससे यह सारा ब्रह्मांड संचालित होता है। जब आप इस ऊर्जा के साथ जुड़ जाते हैं, तो जीवन सरल और सहज प्रतीत होता है। अपने भीतर यह स्मरण बनाए रखिए कि आप भी उसी *दिव्य स्रोत* का अंश हैं। जब आप इस गहराई को समझते हैं, तो जीवन को एक नए दृष्टिकोण से देखने लगते हैं। आप स्वभावतः अच्छाई की ओर झुकने लगते हैं और संसार को प्रेम से देखने लगते हैं। इसलिए स्वयं को हर दिन यह स्मरण कराइए – "मैं उस दिव्यता से जुड़ा हुआ हूँ।"

५) रुकावटों को समझिए;

जीवन में आने वाली रुकावटें हमेशा बाधाएँ नहीं होतीं, वे कई बार *अवसर* बनकर आती हैं। जब जीवन में कुछ रुकता है, तो वहीं पर ठहरकर भीतर झाँकिए। हर रुकावट में कोई संकेत छिपा होता है। यह सोचिए कि शायद कोई नया मार्ग खुलने वाला है। ऐसा सकारात्मक दृष्टिकोण ही आपको *रचनात्मक समाधान* की ओर ले जाएगा।

६) उन चीजों के बारे में सोचिए जिन्हें आप जीवन में घटित होते देखना चाहते हैं;

अपने मन की आँखों से अपने सपनों को *वर्तमान में घटित होते हुए* देखिए। यह दृष्टि आपके *अवचेतन मन* में गहराई से उतरती है और आपको उस दिशा में सक्रिय करती है। प्रत्येक दिन अपने मन में यह चित्रण कीजिए – "मैं वही जीवन जी रहा हूँ जिसकी मुझे तलाश थी।" इससे आपका आत्मविश्वास बढ़ेगा और आपका मन स्रोत ऊर्जा के साथ संतुलन में रहेगा।

७) स्वयं को ऐसे मार्ग पर देखिए जहाँ कम रुकावटें हैं;

अपने भीतर यह भाव लाना सीखिए कि जीवन सुंदर है, सरल है और सभी अनुभव आपको सशक्त बनाने के लिए हैं। जब आप अपने मन में स्वयं को ऐसे रास्ते पर चलते हुए देखते हैं जहाँ कम कठिनाइयाँ हैं, तो आपकी मानसिक स्थिति सशक्त होती है। याद रखिए – जीवन एक *नाटक* है, और आप इस नाटक के सृजनकर्ता हैं। जैसा सोचेंगे, वैसा ही अनुभव करेंगे।

८) स्वयं को 'दिव्य स्रोत' मानिए;

आप केवल एक शरीर नहीं हैं – आप *आत्मा* हैं। आप एक *दिव्य स्रोत* हैं, जो प्रेम, शक्ति और शांति से पूर्ण है। जब आप यह पहचानते हैं कि आप एक *पवित्र आत्मा* हैं, तो आपके भीतर एक स्थायी संतोष उत्पन्न होता है। इस बोध से आप दुनिया से आकर्षित नहीं होते, बल्कि भीतर की शांति में जीते हैं। जीवन में यह अभ्यास ज़रूरी है – हर पल अपने मन को याद दिलाइए: "मैं आत्मा हूँ, मैं दिव्य हूँ।"

९) दयालु बनिए;

सच्ची सफलता के लिए *दयाभाव* आवश्यक है। आपके विचार भी एक *ऊर्जा* हैं। जो कुछ आप सोचते हैं, वही तरंगें संसार में फैलती हैं और उन्हीं जैसी ऊर्जा आपकी ओर आकर्षित होती है। इसलिए, प्रेम और दया की भावना से जीवन को जिएँ। अपने विचारों को शुद्ध रखें, क्योंकि यही *आकर्षण का सिद्धांत* है – जैसी आपकी ऊर्जा होगी, वैसा ही जीवन आप अनुभव करेंगे। हर परिस्थिति में *कृतज्ञ* रहिए – अच्छे और कठिन समय, दोनों के लिए। जो कुछ मिला है, उसके लिए आभार प्रकट कीजिए। यह दृष्टिकोण आपके जीवन को और अधिक *समृद्ध* बनाएगा।

१०) ध्यान – अपने अस्तित्व की गहराई से जुड़ने का मार्ग;

ध्यान आपको जीवन की दौड़ में ठहरकर *सत्य को देखने* का अवसर देता है। आज की तेज़ रफ्तार दुनिया में ध्यान ही वह साधन है जो आपके भीतर की ऊर्जा को सुरक्षित रखता है। ध्यान केवल एक आध्यात्मिक साधना नहीं, बल्कि जीवन को समझने का *सबसे सरल और प्रभावी माध्यम* है। यह आपको संतुलन देता है, स्पष्टता देता है और अंततः आनंद का अनुभव कराता है। हर दिन कुछ क्षण *अपने भीतर उतरने के* लिए निकालिए। स्वयं को *बिना किसी कारण दौड़ते हुए* मत पाइए। हर काम को *चेतनता* से कीजिए। यही *ध्यान* का सार है।

अंतिम विचार; *इरादा* केवल कोई निर्णय नहीं, यह आपके जीवन की दिशा तय करने वाली शक्ति है। जब आप प्रेम, सराहना, स्रोत ऊर्जा और दया के साथ अपने इरादों को जोड़ते हैं, तो आप केवल सफल ही नहीं होते, बल्कि एक *प्रकाश पुंज* बन जाते हैं – जो न केवल स्वयं के लिए बल्कि पूरे संसार के लिए प्रेरणा बनता है।

❦

29

सोच बदले, जिंदगी बदले

सोच होती क्या है? हमारा जीवन जैसा चलता है, वह हमारी सोच पर निर्भर करता है। सोच का सरल अर्थ है – किसी भी कार्य को करने से पहले उस पर विचार करना। हमारी सोच निरंतर बदलती रहती है, और इसका सीधा संबंध हमारी इन्द्रियों से है। जितना अधिक हम अपनी इन्द्रियों का उपयोग करते हैं, उतना ही हमारी सोच में परिवर्तन आता है।

यह परिवर्तन सकारात्मक भी हो सकता है और नकारात्मक भी — यह इस बात पर निर्भर करता है कि हम अपनी इन्द्रियों का उपयोग किस भावना और दृष्टिकोण से कर रहे हैं। जैसा हम सोचते हैं, वैसा ही विचार हमारे मन में उत्पन्न होता है, और वही विचार हमारे व्यवहार का रूप ले लेता है। अंततः, वही व्यवहार हमारी जीवन-शैली बन जाती है।

सोच एक प्रकार की ऊर्जा (Energy) है — जो हमारे अंदर से उत्पन्न होती है। यह ऊर्जा हमारे जीवन को या तो ऊपर उठाती है या नीचे गिराती है। इसलिए, जरूरी है कि हम अपनी इन्द्रियों और इच्छाओं पर ध्यान दें। क्योंकि सारी इच्छाएँ इन्द्रियों से ही जन्म लेती हैं, और उन इच्छाओं को पूरा करने के लिए ही हम सोचते हैं। अगर इच्छाएँ अच्छी हैं, तो सोच भी अच्छी होगी; लेकिन यदि इच्छाएँ गलत हैं, तो सोच भी नकारात्मक दिशा में बहक सकती है। इसलिए जीवन को सही दिशा देने के लिए

जरूरी है — अच्छी इच्छाएँ रखें, सकारात्मक सोचें, और श्रेष्ठ विचारों को अपनाएँ।

हम वही करते हैं जो हम सोचते हैं; जीवन का सारा खेल सोच का है। आत्म-विश्वास की कमी हो या अनिश्चितता की स्थिति — इन सबसे निकलने का मार्ग हमारी सोच ही बनाती है। जब हम बार-बार नकारात्मक सोचते हैं, तो हमारी ऊर्जा व्यर्थ होती है। और यह ऊर्जा ही हमारे जीवन की सबसे कीमती संपत्ति है। आप आज जिस भी स्थिति में हैं — वह आपकी सोच का ही परिणाम है। जीवन में दो पहलू होते हैं: हार और जीत। अगर आप जीतते हैं, तो आपकी सोच की मजबूती के कारण। और यदि आप हारते हैं, तो यह आपकी सोच की कमजोरी को दर्शाता है। लेकिन अच्छी बात यह है कि हर हार के बाद भी जीत संभव है — अगर आप अपनी सोच को बदलते हैं। कई बार हमें लगता है कि हमारी परेशानियों का कारण कोई और है, लेकिन सच्चाई यह है कि हर निर्णय जो आपने लिया है, उसी ने आपके जीवन की दिशा तय की है।

आप इस समय *स्वमहारत* पढ़ रहे हैं — यह भी आपकी सोच और निर्णय की ही परिणति है। हम जैसा सोचते हैं, वैसा ही अनुभव करते हैं। हम जैसा अनुभव करते हैं, वैसा ही जीवन जीते हैं। और जैसा जीवन हम जीते हैं, वैसा ही संसार हमें दिखता है। इसलिए यह समझना जरूरी है कि हर इंसान का अपना सोचने का नजरिया होता है। जब तक हम अपने नजरिये को नहीं बदलते, तब तक हम अपने जीवन को भी नहीं बदल सकते।

आपकी सोच ही आपकी दुनिया बनाती है; आप जीवन में चाहे जीत रहे हों, हार रहे हों, संघर्ष कर रहे हों या खुशहाल जीवन जी रहे हों — इन सभी अवस्थाओं की जड़ आपकी अपनी सोच में है। दूसरों को दोष देना आसान है, लेकिन समाधान तब मिलेगा जब आप अपनी सोच को बदलेंगे। यदि आप दुखी हैं, निराश हैं, हताश हैं — तो इसका एकमात्र कारण आपकी सोच है। यदि आप खुश हैं, आत्मविश्वासी हैं, आनंदित हैं — तो यह भी आपकी सोच का ही परिणाम है। *सोच बदलें, नजरिया बदलें — जीवन अपने आप बदलने लगेगा।* सकारात्मक सोच से जीवन सुंदर बनता है; जो भी व्यक्ति महान बने हैं, उन्होंने सकारात्मक सोच

की शक्ति को समझा और अपनाया है। वे जानते हैं कि सोच में यदि गड़बड़ हो जाए, तो जीवन की दिशा भी बिगड़ सकती है। यही कारण है कि सफल लोग अपनी सोच की ज़िम्मेदारी स्वयं उठाते हैं। वे विचारों को हल्के में नहीं लेते, क्योंकि उन्हें ज्ञात है कि सकारात्मक सोच में एक जादुई ताकत छिपी होती है।

हमेशा याद रखें — "सकारात्मक सोच, जीवन को सुंदर बना देती है।" इसलिए ज़रूरी है कि आप जोश और होश दोनों में रहें। अच्छी सोच से हमारा मन शांत रहता है, तनाव कम होता है, और हम हल्के महसूस करते हैं। फिर भी, अधिकांश लोग अपने ही विचारों के बोझ तले दबे रहते हैं — चिंताओं, असुरक्षा, और अनावश्यक उलझनों से भरे हुए। आपको यह निर्णय लेना होगा कि अब से नकारात्मक पहलुओं को छोड़कर, जीवन के सकारात्मक पक्षों पर ध्यान देना है। जब आप अपने दृष्टिकोण को सकारात्मक दिशा में मोड़ते हैं, तो जीवन में चमत्कार होने लगते हैं। लेकिन यह तभी संभव होगा जब आप इच्छाओं के अंधे भोग से स्वयं को मुक्त करेंगे और अपने जीवन की जिम्मेदारी स्वयं उठाएंगे। इस संसार में अपार संभावनाएँ हैं — लेकिन नकारात्मक सोच उन संभावनाओं की आंखों पर पर्दा डाल देती है। हम भूल जाते हैं कि हमारे भीतर असीमित शक्तियाँ हैं, जिनका सही प्रयोग कर हम जीवन में असंभव को संभव बना सकते हैं।

जीवन में सकारात्मक रहने के लिए अपनाएँ ये सूत्र:

* नकारात्मक संगति से बचें।
* वही देखें, सुनें और पढ़ें, जो सकारात्मक और उत्तम हो।
* सुबह जल्दी उठें और प्रकृति से जुड़ें।
* अच्छे विचार पढ़ें, सुनें और उन पर चिंतन करें।
* नियमित व्यायाम करें और प्रेरणादायक पुस्तकें पढ़ें।
* श्रेष्ठ और सकारात्मक लोगों की संगति में रहें।
* स्वयं से संवाद करें और आत्म-विश्लेषण करें।
* हमेशा मुस्कराएँ — जोश और होश में जिएँ।
* उत्साह से भरकर कार्य करें।

- स्वयं को किसी से कम न समझें।
- अतीत की नकारात्मकता को त्यागें।
- उज्जवल भविष्य की आशा रखें।
- हर दिन सुबह और रात को सकारात्मक विचार पढ़ें।
- ज़रूरतमंदों की मदद करें।
- स्वास्थ्य का ध्यान रखें।
- रचनात्मक बनें — घूमने जाएँ, प्रकृति को अनुभव करें।
- मन को सुंदर बनाने वाले संगीत सुनें।
- अपने आंतरिक व्यक्तित्व को श्रेष्ठ बनाएं।
- दुःख देने वाली आदतों और चीज़ों से दूर रहें।
- परिस्थितियाँ चाहे जैसी हों, उन्हें स्वीकारें और बदलें।

हमेशा ध्यान रखें — "आप जो सोचते हैं, वही आपकी दुनिया बन जाती है।"आपकी सोच ही आपको सफलता या असफलता की ओर ले जाती है। इसलिए अपनी सोच के प्रति सजग और सतर्क रहिए। नकारात्मक सोच से आप स्वयं अपने लिए बाधाएँ खड़ी करते हैं। पर जब आप अपनी सोच को सकारात्मक बनाते हैं, तो वही सोच आपका जीवन बदल सकती है।

सकारात्मक सोच का जादू; आज जितने भी सफल लोग हैं, वे सभी मुश्किलों का सामना करते समय सकारात्मक दृष्टिकोण अपनाते हैं। उन्होंने कभी बहाने नहीं बनाए, बल्कि हर स्थिति में समाधान ढूँढा — यही उनकी सफलता का रहस्य है। अगर आप भी अपने जीवन को सुंदर, सफल और सार्थक बनाना चाहते हैं, तो अभी से ही नकारात्मक सोच को त्यागें। हर परिस्थिति में सकारात्मक सोचें, आशावादी बनें, और हर दिन को एक अवसर मानें। क्योंकि — "सकारात्मक सोच केवल विचार नहीं, एक जीवनशैली है।" "यह वह शक्ति है, जो आपकी जिंदगी को कमाल की बना सकती है।"

छोटी सोच और बड़ी सोच;

छोटी सोच;

जीवन में जो दुःख आते हैं, वे अधिकतर छोटी सोच का परिणाम होते हैं। छोटी सोच वाला व्यक्ति कभी बड़ा दिल नहीं रख पाता। वह जीवन में सबकुछ जल्दी चाहता है, इस कारण वह न तो धैर्य रखता है और न ही निरंतरता बनाए रखता है, इसलिए सफलता उससे दूर ही रहती है। छोटी सोच जीवन को संकुचित कर देती है — ऐसे लोग न बड़े सपने देख पाते हैं, न अपनी इच्छाओं को पूरा कर पाते हैं, न मजबूत रिश्ते बना पाते हैं, न अच्छे मित्र। उनका जीवन अधूरा रह जाता है। अक्सर असफल लोगों की सोच सीमित होती है, और यही छोटी सोच उन्हें असफलता की ओर ले जाती है। छोटी सोच कुछ समय के लिए सुख ज़रूर दे सकती है, परंतु यह दीर्घकालिक भटकाव और दुःख का कारण बन जाती है। ऐसे लोग जीवन को 'जीते' नहीं बल्कि बस 'काटते' हैं। उन्हें लगता है कि जीवन कठिन है और सफलता असंभव — यह सोच ही जीवन का सबसे बड़ा खतरा बन जाती है। कल्पना कीजिए, अगर थॉमस एडिसन ने छोटी सोच रखी होती, तो क्या वे इतने महान आविष्कार कर पाते? बिल्कुल नहीं। इसलिए याद रखिए: बड़ी सोच ही बड़े परिणाम लाती है।

बड़ी सोच;

बड़ी सोच व्यक्ति को बड़ा बनाती है। जैसे राइट ब्रदर्स ने उड़ने की कल्पना की और दुनिया को पहला हवाई जहाज़ दिया — यह बड़ी सोच का ही कमाल था। बड़ी सोच वाला व्यक्ति हर परिस्थिति में संभावना देखता है। चाहे कितनी भी कठिनाई क्यों न हो, वह उसमें अवसर खोज लेता है। उसे पता होता है कि "बड़ी सोच का बड़ा जादू होता है।"

ऐसे लोग नकारात्मकता को अपने अंदर टिकने नहीं देते। उनका दिल बड़ा होता है, वे प्रसन्नता और जोश से जीवन जीते हैं। उन्हें डर नहीं लगता, क्योंकि वे जानते हैं कि जीवन उनके विचारों का ही विस्तार है। बड़ी सोच के साथ आप असंभव को भी संभव बना सकते हैं। आप हर

पल को संपूर्णता से जी सकते हैं। इसलिए अपनी सोच को ऊँचा रखिए, क्योंकि "बड़ी सोच का परिणाम हमेशा बड़ा होता है।"

खुद को और जीवन को देखने का नजरिया; आप खुद को जैसा मानते हैं, वैसा ही जीवन को भी देखने लगते हैं। इसलिए सबसे पहले अपने प्रति नजरिया सही कीजिए। दूसरों में दोष ढूँढने से पहले अपने अंदर सुधार लाइए। अपनी कमियों को पहचानकर उन पर काम कीजिए, अपने भीतर मूल्य जोड़िए। जब आप खुद को अच्छे नजरिये से देखना शुरू करेंगे, तो आप वाकई बेहतर बनना शुरू कर देंगे।

खुद को ऐसे देखना शुरू कीजिए:
(यहाँ 'मैं' का अर्थ है आत्मा)

- मैं खुद को प्रेम करती हूँ।
- मैं अपने आप को स्वीकार करती हूँ।
- मैं जो भी करती हूँ, अच्छा करती हूँ।
- मैं हमेशा बड़ी सोच रखती हूँ।
- मैं किसी के बारे में बुरा नहीं सोचती।
- मैं सकारात्मक रहती हूँ।
- मैं रोज़ सीखती हूँ और खुद को बेहतर बनाती हूँ।
- मैं खुद पर विश्वास रखती हूँ।
- मेरा जीवन सुंदर और मूल्यवान है।
- मैं लोगों की मदद करती हूँ।
- मैं जिम्मेदारियों को निभाती हूँ।
- मेरा दिल बड़ा और दयालु है।

यदि आप इस तरह से खुद को देखने लगें, तो जीवन भी बदलने लगेगा। फिर आप दुनिया की उलझनों में नहीं फँसेंगे, बल्कि दुनिया को एक सुंदर अनुभव की तरह जी पाएंगे। याद रखिए: "जैसे आप सोचते हैं, वैसे ही बनते हैं।" "दूसरों के बारे में अच्छा सोचने वाले लोग ही वास्तव

में अच्छे होते हैं।"इसलिए हर दिन अपने विचारों पर ध्यान दीजिए। खुद को सफल नजरिये से देखिए। खुद में बदलाव लाइए। जब आप खुद को बेहतर बनाते हैं, तभी जीवन की खूबसूरती और गहराई बढ़ती है। तो अब से एक मंत्र याद रखिए: *"जो भी करों, कमाल का करों।"*

30

माइंडसेट

"अगर आपको अपने हालात बदलने हैं, तो सबसे पहले अपने माइंडसेट को बदलिए।" जीवन में कामयाब बनना है तो अपने 'माइंडसेट' को समझना बहुत ज़रूरी है। हमेशा अच्छे 'माइंडसेट' वाले लोग ही जीवन में कामयाबी हासिल करते हैं। आपका माइंडसेट ही आपका भविष्य बनाता है। आप जिस 'माइंडसेट' के साथ जीवन जीते हैं और आगे बढ़ते हैं, उसी से तय होता है कि आप आने वाले समय में कैसा जीवन जिएंगे। सही माइंडसेट से आप हर मुश्किल से बाहर निकलते हैं। जो व्यक्ति सही माइंडसेट के साथ जीता है, वह हमेशा अपने अंदर की हर कमी को सुधारता है, अपनी गलतियों से सीखता है, आगे बढ़ने की सोच रखता है और बड़ी सोच रखता है। जब किसी व्यक्ति का माइंडसेट सही होता है, तब उसे यह पता होता है कि "जीवन में क्या करना है?, क्यों करना है?, और कैसे करना है?"

यह सब स्पष्ट होने के कारण वह सही विचार, सही आदतें, सही संगत, सही मेहनत अपनाता है और अपने आपको बेहतर साबित करने के बजाय, खुद को बेहतर बनाने की कोशिश करता है। ऐसे लोग जीवन भर सीखते रहते हैं। इसलिए ऐसे व्यक्ति जीवन में कामयाबी हासिल करते हैं और जीवन को सफल बनाते हैं। आपको भी अपना माइंडसेट चेक करना है कि आप किस किस्म के माइंडसेट वाले हैं। 'माइंडसेट' दो प्रकार के होते हैं: एक ग्रोथ माइंडसेट और दूसरा फिक्स माइंडसेट।

फिक्स माइंडसेटः

"फिक्स माइंडसेट का मतलब है — अपनी सीमाओं में काम करना, रहना, सोचना और मेहनत करना।" फिक्स माइंडसेट वाले लोग अपने आपको बेहतर *साबित* करने की कोशिश करते हैं। जीवन में इस तरह के व्यक्ति कभी आगे नहीं बढ़ पाते। बस अपने आपको स्मार्ट समझते हैं। ऐसे लोगों को लगता है, "वे खुद ही सबसे अच्छे हैं," इसलिए वे सीमाओं में काम करते हैं। जब कोई काम करना होता है या नया काम शुरू करना होता है, तब ऐसे लोग ज़्यादा मेहनत नहीं करते। जब नाकामयाब होते हैं, तो मान लेते हैं कि "यही किस्मत है।" ये लोग रिस्क लेने से डरते हैं, दूसरों में कमियाँ निकालते हैं। जब गलती होती है, तो उसे सुधारने के बजाय नज़रअंदाज़ कर देते हैं। जीवन में कुछ नया सीखने की कोशिश नहीं करते। ऐसे लोग जो आता है बस उसमें ही रहते हैं। वे समझते हैं कि अगर दूसरा काम करने गए और मुसीबत आ गई तो लोग नाकामयाब समझेंगे, इसलिए वे अपने आपको बेहतर साबित करने में ही लगे रहते हैं। फिक्स माइंडसेट वालों की सोच छोटी होती है, इसलिए उन्हें वही मिलता है जो उन्होंने सोचा है। जबकि जीवन में बहुत कुछ करने की संभावना होती है, वह भी ये नहीं कर पाते। इसलिए ऐसे व्यक्ति जीवन में कभी ऊँचाई तक नहीं पहुँच पाते और बस अपनी सीमाओं में ही रह जाते हैं।

"फिक्स माइंडसेट वाले व्यक्ति ज्यादातर ये करते हैं — जबकि ये नहीं करना चाहिए।"

- एक फिक्स सोच रखते हैं और कभी उसके ऊपर नहीं उठते।
- हमेशा अपने आपको गलत नज़रिए से देखते हैं।
- जीवन में कभी आगे बढ़ने की नहीं सोचते।

- उनके मन में डर होता है, इसलिए वे अपने आपको कमतर समझते हैं।
- किसी नई चीज को सीखने का प्रयास नहीं करते।
- हमेशा अपनी सीमाओं में ही रहना पसंद करते हैं।
- जो पहले से कर रहे हैं, बस उसी काम पर ध्यान देते हैं।
- मानते हैं कि इंसान खुद को बदल नहीं सकता।
- रिस्क लेने और गलती करने से डरते हैं।
- गलती हो जाने पर उसे छुपाते हैं, और कुछ नहीं सीखते।
- दूसरों में कमियाँ निकालते हैं।
- अपनी कमियों को सुधारने की कोशिश नहीं करते।
- बार-बार सोचते रहते हैं लेकिन कोई कदम नहीं उठाते।
- अपने काम में पूरी मेहनत नहीं करते।
- अपने आपको बेहतर साबित करने की कोशिश करते हैं, बेहतर बनने की नहीं।
- अपने आपको महान समझते हैं।
- हारना पसंद नहीं करते और गलती के लिए दूसरों को दोष देते हैं।
- खुद को बेहतर बनाने के बारे में कभी नहीं सोचते।
- गलतियों से सीखने की कोशिश नहीं करते।
- अच्छी और बुरी किस्मत पर ज़्यादा भरोसा करते हैं।
- किसी भी मुश्किल हालात का सामना करने में परेशानी महसूस करते हैं।
- मुश्किलों से बाहर निकलने के बजाय मान लेते हैं कि "यही किस्मत है।"
- दूसरों की सफलता से जलते हैं।

इन सब आदतों और सोच के कारण, ऐसे लोग कभी जीवन में ज़्यादा कामयाब नहीं बन पाते। वे अपने ही बनाए हुए जाल में उलझे रहते हैं। अब आपको खुद से सवाल करना है — कहीं आप भी तो इनमें से कुछ आदतें नहीं निभा रहे? अगर आप भी ऐसा कर रहे हैं, तो आपको अभी से चेतना होगा, वरना आप कभी सच्ची सफलता हासिल नहीं कर पाएँगे।

इसलिए— "फिक्स माइंडसेट रखना बंद कीजिए!"

ग्रोथ माइंडसेट;

'ग्रोथ माइंडसेट' का अर्थ है — जीवन भर आगे बढ़ते रहना, सीखते रहना, नया करना और अपनी सोच को सीमाओं से मुक्त करना। ग्रोथ माइंडसेट वाले व्यक्ति जीवन में बहुत बड़ी कामयाबी हासिल करते हैं। वे अपने जीवन के प्रति सकारात्मक और सच्चे रहते हैं। वे जानते हैं कि यदि सोच सीमित रहेगी, तो यह खूबसूरत जीवन व्यर्थ चला जाएगा। इसलिए वे सोचते हैं — "जो भी करना है, अच्छा करना है, बड़ा करना है, और कमाल का करना है।"

यही सोच उन्हें सफलता की ऊँचाइयों तक ले जाती है। ग्रोथ माइंडसेट वाले लोग न तो रिस्क लेने से डरते हैं, न ही लोगों की बातों में उलझते हैं। उन्हें खुद पर पूरा विश्वास होता है। वे कभी अपने आपको बेहतर साबित करने में समय नहीं गंवाते, बल्कि हर दिन खुद को बेहतर बनाने में लगे रहते हैं। वे जीवन से परेशान या नाराज़ नहीं होते, बल्कि जैसे भी हालात हों, उन्हें स्वीकार करते हैं और पूरी जिम्मेदारी लेते हैं। उन्हें यह साफ पता होता है: "क्या करना है? क्यों करना है? और कैसे करना है?" ग्रोथ माइंडसेट वाले लोग अपनी कमियों को पहचानते हैं, उन्हें सुधारते हैं और अपनी गलतियों से सीखते हैं।

ग्रोथ माइंडसेट वाले लोग आमतौर पर ये करते हैं:

- रिस्क लेने से नहीं डरते।
- मेहनत करके किसी भी काम में माहिर बन जाते हैं।
- हमेशा बड़ी सोच रखते हैं।
- लगातार आगे बढ़ने की सोचते हैं।
- हर दिन कुछ नया सीखते हैं।
- परिस्थितियों को चुनौती के रूप में लेते हैं।

- मानते हैं कि प्रैक्टिस से किसी भी काम को सीखा जा सकता है।
- हमेशा खुद को बेहतर बनाने की कोशिश करते हैं।
- अपनी अंदरूनी कमियों को खोजते और सुधारते हैं।
- पुराने तरीकों को छोड़कर नए रास्ते खोजते हैं।
- मुश्किलों का स्वागत करते हैं।
- किसी की बुराई हो जाए, तो उसे भूलकर सुधारने की कोशिश करते हैं।
- असफलता के लिए केवल खुद को ज़िम्मेदार मानते हैं।
- दूसरों में कमियाँ खोजने के बजाय, खुद को बेहतर बनाने पर ध्यान देते हैं।
- अपनी हर गलती से कुछ न कुछ सीखते हैं।
- और... अपनी किस्मत खुद लिखते हैं।
- *"किस्मत हमारे लकीरों में है, और लकीरें हमारे हाथों में हैं।"*

ग्रोथ माइंडसेट क्यों ज़रूरी है?; अगर आप चाहते हैं कि आपके जीवन की परिस्थितियाँ बदले, तो आपको पहले अपनी सोच को बदलना होगा। कामयाबी के लिए 'ग्रोथ माइंडसेट' आवश्यक है। जब आप ग्रोथ माइंडसेट अपनाते हैं, तब आप जीवन को सही ढंग से समझते हैं, और उसे एक नई दिशा देते हैं। एक सच्चे सफल व्यक्ति की सबसे बड़ी निशानी यही होती है — "उसकी सोच हमेशा बढ़ती हुई होती है।"

अगर आप फिक्स माइंडसेट से बाहर निकलना चाहते हैं, तो इन बातों को अपनाइए:

- गलती करने से मत डरिए।
- लोगों के बारे में मत सोचिए — आप खुद क्या कर रहे हैं, वही ज़रूरी है।
- सीमित सोच न रखें — दायरे से बाहर निकलिए।
- कुछ नया करने की कोशिश कीजिए।

- बुरे लोगों को अनदेखा करना सीखिए।
- "लोग क्या कहेंगे" वाली सोच को अपने भीतर से निकाल दीजिए।
- अपनी कमियों को पहचानिए और उन्हें सुधारिए।
- अपने आप को कम मत समझिए।
- खुद पर विश्वास रखिए।
- अच्छा सोचिए, अच्छा कीजिए।
- क्रिएटिव बनिए, बड़ी सोच रखिए।
- अच्छी किताबें पढ़िए।
- सफल लोगों को फॉलो कीजिए।

फिक्स माइंडसेट हमें गलतियाँ करने से रोकता है। इससे हम कुछ नया करने की हिम्मत नहीं कर पाते और जहाँ हैं वहीं अटक जाते हैं। हम खुद को बेहतर साबित करने में लगे रहते हैं, लेकिन सुधारने का वक्त ही नहीं निकालते। *अगर आप सचमुच कामयाबी चाहते हैं, तो फिक्स माइंडसेट से छुटकारा पाकर ग्रोथ माइंडसेट को अपनाइए — यही बदलाव आपकी पूरी ज़िंदगी बदल सकता है।*

आभार

प्रिय पाठक,

इस जीवन-यात्रा में *स्वमहारत* के रूप में आपने मेरे साथ जो सफर तय किया, उसके लिए मैं हृदय से आपका आभारी हूँ। इस किताब को लिखते समय मेरी केवल एक ही भावना थी — *कि यह आपकी सोच को छू जाए, आपको भीतर से झकझोर दे, और जीवन को समझने की एक नई दृष्टि दे सके।* अगर कहीं एक विचार भी आपके जीवन में कुछ सकारात्मक बदलाव ला सका हो, तो यही मेरी सबसे बड़ी सफलता होगी।

अब तक आपने जो पढ़ा, वह केवल शब्द नहीं थे यह अनुभवों का सार, जीवन की सच्चाई और आत्मा की पुकार थी। मैं चाहता हूँ कि आप अपने जीवन को अब और गहराई से समझें, अपनी क्षमताओं को पहचानें, और हर दिन को एक नई संभावना की तरह जिएं। जीवन कठिन ज़रूर हो सकता है, पर वह उतना ही सुंदर भी है। बस ज़रूरत है उसे खुले मन से अपनाने, सीखने, और हर परिस्थिति को एक अवसर की तरह देखने की। अब आप जानते हैं कि —"ज़िंदगी एक खूबसूरत सफ़र है।" इस सफ़र का आनंद लीजिए, हर मोड़ पर निखरिए, अपने जीवन का उद्देश्य जानिए, बड़ी सफलता हासिल कीजिए, और फिर इस संसार से कुछ देकर एक प्रेरणा बनकर विदा लीजिए। आपका जीवन अनमोल है। आपमें असीम शक्ति है। आप इस संसार में एक उद्देश्य के साथ आए हैं उस उद्देश्य को पहचानिए और पूर्ण कीजिए। मैं आपके उज्जवल, सफल और शांतिमय जीवन की कामना करता हूँ।

धन्यवाद और शुभकामनाएँ!

आभार

लेखक के बारे में

Raut Laxman

एक समय था जब मैं जीवन की सच्चाई को समझने के लिए बेचैन था। जब भीतर टूट रहा था, और बाहरी दुनिया भी कठिन थी। मैं जानना चाहता था — "ज़िंदगी आखिर कैसे जी जाती है?" और उसी प्रश्न ने मुझे आत्म-खोज की ओर प्रेरित किया। मेरा जन्म वर्ष 2001 में, भारत के महाराष्ट्र राज्य के नंदुरबार ज़िले के एक छोटे से गाँव बर्डी में हुआ। मेरा जीवन शुरुआत से ही संघर्षों से भरा रहा। जब मैं इस संसार में आया, तभी मेरे माता-पिता के बीच गहरा विवाद हुआ और वे अलग हो गए। मैंने अपने पिता को कभी देखा नहीं। आप समझ सकते हैं — एक बच्चे के लिए यह कितना पीड़ादायक होता है।

मेरी माँ ने मुझे कभी अकेला महसूस नहीं होने दिया। कठिनाइयों के बावजूद, उन्होंने मुझे अपने जीवन का केंद्र बनाया। उन्होंने मुझमें जीवन के प्रति जज़्बा भरा, और हर मोड़ पर मेरा साथ निभाया। बचपन

आसान नहीं था। माँ के दूसरे विवाह के बाद मेरी ज़िंदगी में नए संघर्ष आए। सौतेले पिता को ही मैंने *पिता* मान लिया — क्योंकि मुझे नहीं पता था कि मेरे असली पिता कौन हैं। पर जैसे-जैसे बड़ा हुआ, सच्चाई सामने आई।

वह क्षण मेरे लिए बहुत गहरा था — एक झटका था, लेकिन मैंने खुद को संभाला। मैंने अकेले रोना सीखा, लेकिन फिर भी मुस्कुराना नहीं छोड़ा। माँ से मैंने हर काम करना सीखा — संघर्ष करना, जिम्मेदारी लेना, खुद को संभालना, और हालात से लड़ना। जीवन ने मुझे बहुत कुछ सिखाया, और धीरे-धीरे मैंने अपनी सोच को ऊपर उठाया, और अपने मन को मजबूत बनाया। जब मैंने जीवन को गहराई से समझा, तो महसूस हुआ — "मैं इस ज़िंदगी से जीत सकता हूँ।" यही अनुभव मुझे इस किताब *स्वमहारत* तक ले आया।

यह मेरी पहली पुस्तक है — लेकिन यह सिर्फ एक किताब नहीं, *मेरे जीवन की आत्मा है।* मैं चाहता हूँ कि मेरे शब्दों से आपके जीवन में भी बदलाव आए। मुझे लोगों को प्रेरित करना अच्छा लगता है — और यही मेरा उद्देश्य है। इस किताब के ज़रिए मैं अपनी ज़िंदगी की एक नई शुरुआत कर रहा हूँ। अगर यह पुस्तक आपके दिल को छू सके, तो मुझे बहुत खुशी होगी। आप अपने विचार मुझे इस ईमेल पर भेज सकते हैं —?jeevanvijeta1111@gmail.com आपका बहुत-बहुत धन्यवाद और स्नेह!